LE PLUTARQUE

DES

PIPELETS

BIOGRAPHIE

DES PLUS ILLUSTRES PORTIERS DE PARIS

suivie du

GUIDE-ANE DU NATURALISTE PARISIEN

PAR

J BRANTOME

PARIS

PASSARD, LIBRAIRE-ÉDITEUR

7, RUE DES GRANDS-AUGUSTINS.

NOUILLARDIN PÈRE.

NOUILLARDIN FILS LE CULOTEUR DE PIPES.

(Voir page 49.)

LE PLUTARQUE

DES

PIPELETS

BIOGRAPHIE

DES PLUS ILLUSTRES PORTIERS DE PARIS

suivie du

GUIDE-ANE DU NATURALISTE PARISIEN

PAR

J. BRANTOME

PARIS

PASSARD, LIBRAIRE-ÉDITEUR

7, RUE DES GRANDS-AUGUSTINS.

—

1.

Corasmin.

LE
PLUTARQUE DES PIPELETS

ANDOUILLARD (Népomucène-Pantaléon).
— Concierge depuis cinq ans, marié depuis douze, crétin depuis quarante-trois,
— il est aujourd'hui dans son quarante-
quatrième printemps.

Né de parents pauvres, mais goîtreux,
Népomucène Andouillard suça, avec le
lait de sa nourrice, celui des principes
les plus pernicieux, et notamment l'habitude de fourrer ses doigts dans son nez,
— jusqu'au coude. L'heure grave, celle
de la majorité et de la conscription, sur-
prit le jeune Andouillard dans cette déso-
lante occupation, qui le fit bientôt expul-
ser du régiment, où il s'était attiré le dé-
goût de ses chefs.

Ce même vice le fit renvoyer successivement de trois *portes :* la première, rue d'Aumale, 148 ; la deuxième, place Royale, 229, et la troisième, rue de Catinat, 32 ; dans cette dernière maison était établi un restaurateur, que tous ses clients abandonnèrent, quinze jours après l'installation d'Andouillard ; la salle du restaurant donnait en plein sur la loge de Népomucène, qui, absorbé par la profondeur de ses fouilles, ne s'apercevait pas qu'elles occasionnaient d'invincibles haut-le-cœur à la clientèle du gargotier.

Andouillard, sa femme et leurs quatre enfants sont aujourd'hui réfugiés dans une soupente de la rue du Gril-Saint-Marcel, en compagnie d'un chien, de deux chats, d'un sansonnet, de trois chaufferettes, d'un démêloir, de plusieurs paires de bottes, et d'un demi-kilo de beurre assez avancé... pour son âge. — Resteront-ils longtemps dans cette nouvelle retraite? Dieu seul et la commission de salubrité le savent.

AVALTRO (Boniface-Guignolet). — C'est

Avaltro.

un grand malheur pour Avaltro que d'avoir eu pour patron saint Guignolet, le patron des joyeux vignerons ; il doit indubitablement à ce vocable les nombreux litres et décilitres dont il s'est plu à fatiguer à la fois son existence et son estomac.

Le père d'Avaltro était marchand de vin, et Avaltro a bu en entier le fonds de son père ; il a bu ensuite la dot de sa femme, les nippes de ses enfants, et, de boisson en boisson, il a dégringolé dans une première loge de concierge, — qui n'a pas tardé à être suivie de plusieurs autres, rapides mutations, toujours dues à ses ignobles accès d'ébriété. Rue Laffitte, 83, on l'a révoqué pour du kirsch ; place Louvois, 79, pour du *mélé ;* rue Richepanse, 54, pour du *petit blanc*, pris en compagnie d'un locataire également biberon ; enfin, passage du Désir, 109, pour une demi-feuillette de curaçao sec, dont, après trois jours, on n'apercevait plus que le bois !

Toutefois, cette dernière aventure a

rendu Avaltro un peu plus tempérant ; il ne cultive plus guère que le cassis, ou de loin en loin, l'eau-forte et l'essence de térébenthine. Aussi son nouveau propriétaire, 94, rue de la Bienfaisance, est-il excessivement content de lui, et vient-il même d'augmenter ses gages annuels de 50 francs. En bon père de famille, et vu l'abondance de la récolte de 1858, Avaltro a aussitôt stipulé que cette somme lui serait remise en une pièce de *petit bleu* ou de *gros noir*, au choix.

BARBANÇON (Onuphre-Philéas). — Barbançon était né bonasse ; c'est le désespoir qui en a fait un monstre, qui l'a transformé en tyran des six étages, en bourreau des escaliers et des mansardes. A force d'entendre les gamins chanter à ses oreilles, dans la rue, ce détestable refrain :

Père Barbançon, son, son, etc.,

l'infortuné s'est imaginé que ce chant était une aubade dérisoire décernée à son nom patronymique par la malignité parisienne, et il a voulu se venger. — Ci-dessous ses états de service, en matière de canaillerie portiéresque.

1833. — Rue Matignon, 92. — Sème des pois fulminants sous les pas d'un locataire qui n'a pas donné d'étrennes ; — est congédié.

1839. — Place Baudoyer, 67. — Induit en tentation de prunes de reine Claude, le fils impubère de la dame du *cintième*, qui a refusé formellement de faire faire son ménage par la femme Barbançon. Un grand hourvari a lieu chez madame ***, pendant la nuit qui suit l'ingestion desdites prunes. Finalement, le jeune M*** est mis à l'eau de riz et Barbançon à la porte.

1845. — Rue Saint-Louis-en-l'Ile, 218. — Le 16 février, remet à M. Arthur, un célibataire qui ose se plaindre de ce qu'on lui vole son sucre, une lettre timbrée du 23 juin précédent.

1854. — Rue des Martyrs, 133. — Déclare à tous ceux qui se présentent pour

2

louer, qu'il ne veut dans *sa maison* ni enfants, ni malades, ni chiens, ni oiseaux, ni pianos, ni cornets à pistons, ni porteurs d'eau, ni charbonniers, ni tailleurs, ni bottiers, ni *dames seules*, etc., etc., etc. Nous en passons, mais pas des meilleurs.

BOULTROMBINE (Andoche-Symphorien-Matathias, baron de la). — La Boultrombine est un noble de la vieille roche, et qui a compris son époque. « Puisque aujourd'hui, s'est-il dit, les portiers se font gentilshommes, pourquoi les gentils-hommes ne se feraient-ils pas portiers?...» Et c'est ainsi que notre hobereau philosophe s'est bravement décidé à descendre, de cordons en cordons, la loge de la vie.

Le matin, il prend son madère et fume trois à quatre cigares avant de déjeuner; puis ensuite il va au bois, *fait* quelques femmes, et revient tranquillement à sa porte, après avoir essayé un ou deux gilets et trois ou quatre pantalons chez Renard. Le soir, il dîne, prend son *gin-*

Le Baron de la Boultrombine.

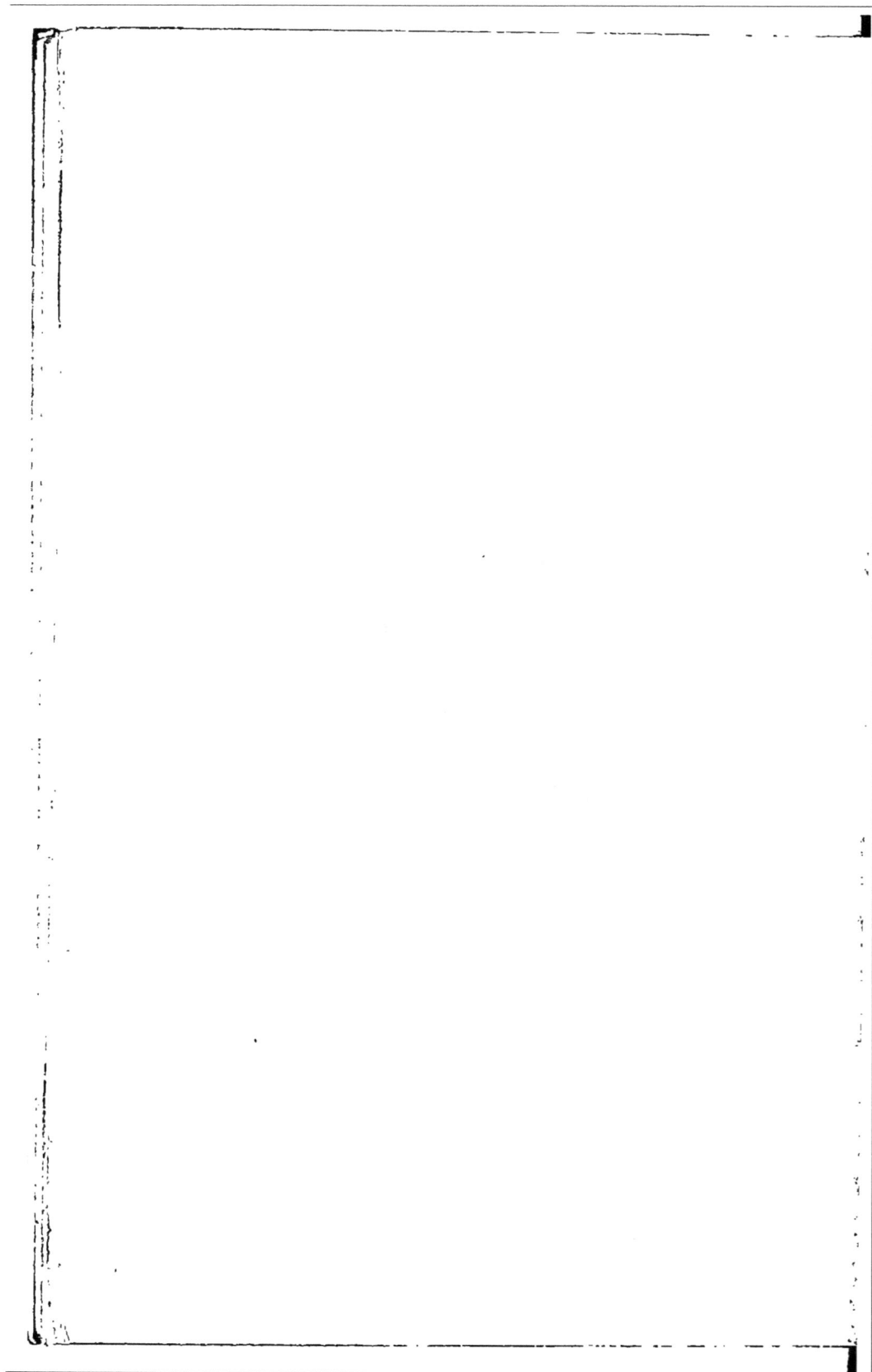

grog, et reçoit ses invités au coin du feu.
— Quant aux locataires, il ne s'en occupe jamais; cela ne le regarde pas : c'est l'affaire de son tigre. — La Boultrombine n'a jamais été concierge que dans le premier et le dixième arrondissement; car c'est un noble qui sait le prix de son blason et qui ne dérogerait à aucun prix. Vous ne l'auriez pas place Maubert ou rue Pierre-au-Lard, quand vous lui offririez un million de gages, y compris la bûche, le sou pour livre et les étrennes.

Aussi on se l'arrache, et les propriétaires des quartiers neufs le retiennent à l'avance.

Nota. — Les lettres non chargées de papier Joseph, à titre d'arrhes, sont rigoureusement refusées.

CAPHARNAUM (Blanche-Emma-Wilhelmine Tronchmann, veuve). — *Fait* les escaliers, les ménages, les commissions, le bonheur, — et, au besoin, le mouchoir de ses locataires, rue Ribouté, 49 (depuis que son propriétaire de la place Lafayette,

2.

78, l'a brutalement expulsée de cette dernière loge, sous prétexte « qu'elle avait apporté des coléoptères dans la maison»). La Capharnaum se dit veuve d'un cent-suisse de Louis XVIII; mais nous croyons savoir que cette assertion n'est qu'un prétexte adroit pour pouvoir se livrer au dialecte alsacien, dont elle use et abuse dans les relations habituelles de la vie, et dont nous avons noté au vol les échantillons ci-après :

« Il êdre féni dandôt ène bédide tame bir témanter mozieu ; ché lui afoir ti gomme sa que les vâmes il n'édait point ressi tant lé maison ; — lé daillir (*tailleur*) té mozieu il hêdre féni sé matin afec son bédide node ; che lui afoir dit gomme sa que Mozieu il afait de l'archant, et gue s'il bayait bas, c'édait bar maufaise folonté ; — la carde ti gommerce il refientra un de te ces chirs (*jours*) bir emboigner mozieu ; che lui afoir dit gomme sa que mozieu il serait enchandé té vaire son gonnaissance, etc., etc. » (Le *gomme sa* est de style dans chaque réponse de la

Capharnaüm.) — On voit par ces légers aperçus avec quelle sollicitude cette brave et honnête veuve s'occupe du bien-être de ses administrés, et à quel point elle doit leur être chère... chère à 120 francs par an, bûche et étrennes non comprises ; (102 francs de plus que *la Patrie* qui ne coûte que 15 centimes par jour.)

COURDEPIF (Méléagre - Narcisse - Anti - noüs). — Cet homme n'a qu'un vice, un seul, mais capital, mais inextirpable. Lequel donc ? Il est amoureux de toutes les femmes qui viennent *louer* dans la maison ; il leur prend la taille, sous couleur de leur faire voir le logement, fait sa déclaration à l'époque des étrennes, et se porte aux plus grands excès, lorsqu'il vient présenter la quittance. — Son naturel intertropical a déjà causé la perte de quatre femmes de chambre, et mis sept cuisinières hors de service, rues d'Amsterdam, 128, Boursault, 95, Montaigne, 217, et Bellechasse, 323.

— Signe particulier : Idolâtre les grogs

au vin. — Bacchus est le cousin germain de Vénus, dit-il, à ce propos, fort agréablement.

COQUENPATE (Abraham-Frédéric-Velocipède. — Ci-dessous un fragment de dialogue surpris entre le nommé Coquenpâte et un locataire quelconque. Cette mise en scène fera beaucoup mieux juger, pensons-nous, l'homme qui nous occupe, que tout autre détail biographique :

COQUENPATE. — Monsieur est marié ?

LE LOCATAIRE. — Non... pas précisément.

COQUENPATE. — Tant pis, monsieur ; je ne prends que des gens mariés dans *ma* maison. Si monsieur veut louer ici, *je l'engage* à régulariser sa position. D'ici au 8 avril, ça fait près de deux mois ; monsieur a encore tout le temps ; seulement, je le préviens d'avance que je ne *veux chez moi* que des gens mariés, sans enfants. Plus tard, vous mettriez les vôtres en nourrice ou en pension.

LE LOCATAIRE. — Fort bien ; mais

Coquenpâte.

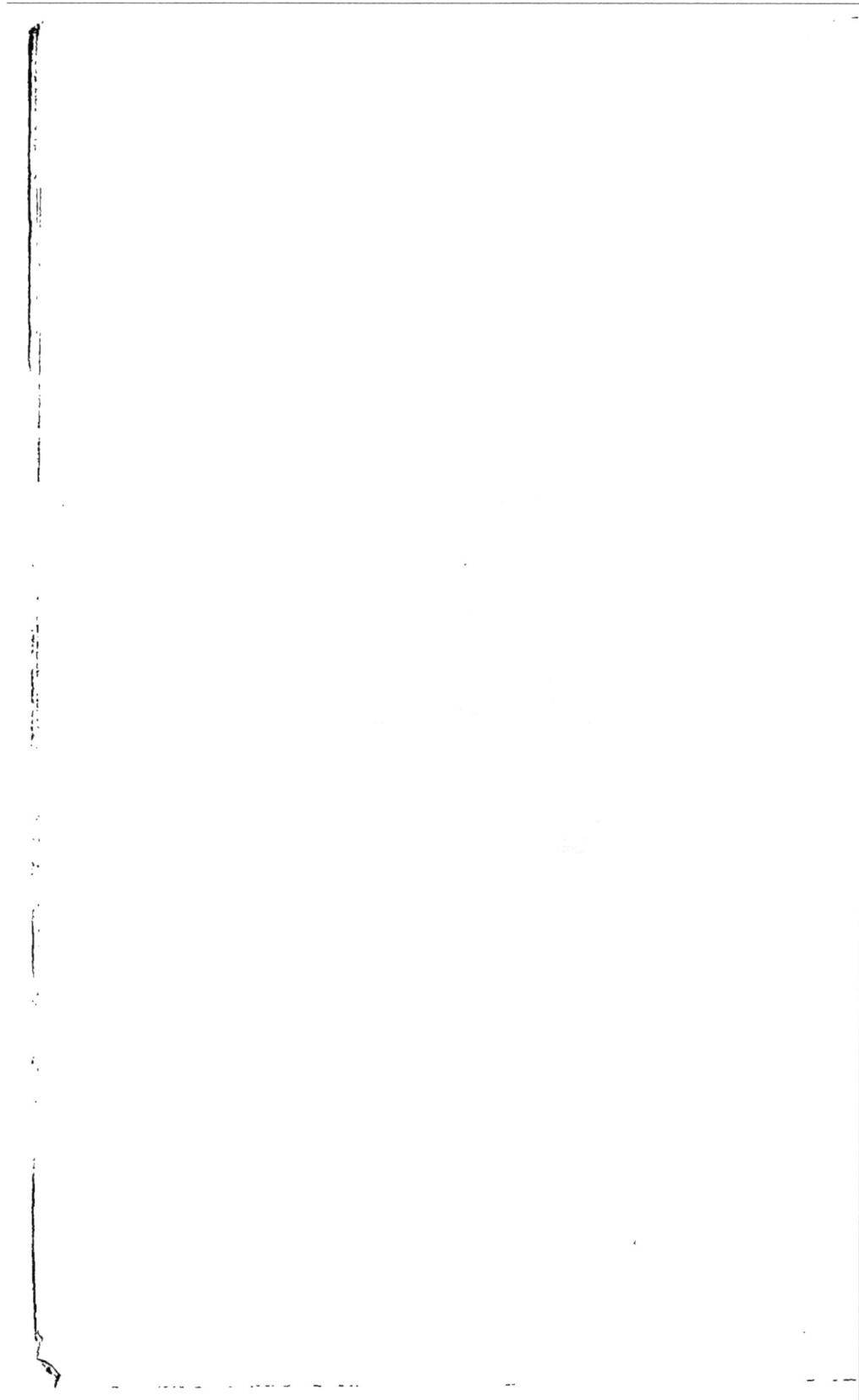

quand on me les amènerait pour les em-
brasser, ne pourrais-je du moins?...

COQUENPATE. — Les recevoir ici, impossible ; ils saliraient *mon* escalier ; vous
pourrez louer, pour cela, un cabinet à
l'hôtel... ou chez le marchand de vin...

CORASMIN (Pierre-Baptiste Riboulot,
dit). — Tout jeune, Riboulot avait déjà la
toquade du théâtre en général, et de la
tragédie en particulier ; son rêve, sa ma-
rotte longtemps pourpensée et caressée,
est encore aujourd'hui d'entrer à l'Odéon,
en qualité de *confident*. Il a écrit, dans ce
sens, plus de quarante lettres à MM. les
directeurs qui se sont succédé sur cette
scène tragique et transséquanienne ; il va
sans dire que toutes ces lettres ont eu le
même et le pire destin, — pas celui des
roses, bien entendu. Le juron favori de
Riboulot est celui-ci : « Par Campistron ! »
Toutefois, quand il est fort en colère, il
ajoute : « Je veux que Latour Saint-Ybars
me damne, si... » C'est aussi par amour
de la tragédie qu'il a changé son nom

bourgeois de Riboulot contre l'appellation théâtrale de Corasmin. Il a joué deux fois *Britannicus* au Gros-Caillou, avec un indescriptible succès — de pommes cuites. C'est depuis lors qu'il dit fièrement aux gens de son quartier : « Quand je faisais partie de la troupe du Gros-Caillou... » ou encore : « Nous autres artistes de la compagnie du Gros-Caillou, etc. »

Ci-dessous le fragment d'une conversation de Riboulot avec son propriétaire rue Fontaine-Molière, 155 :

LE PROPRIÉTAIRE.

Vous ont-ils payé tous ?

CORASMIN.

Oui, tous, mon cher seigneur,
Et voici votre argent, je suis homme d'honerur.

LE PROPRIÉTAIRE.

Qui vous dit le contraire, et pourquoi ce langage ?

CORASMIN.

Ce langage, monsieur, n'est autre qu'un hommage
Offert dans la simplesse et l'essor de mon cœur,
A la muse des vers, dont l'aiguillon vainqueur,
Me remplit, nuit et jour, de lumière et de flamme,
Et, même quand je dors, surexcite mon âme.

LE PROPRIÉTAIRE.

Vous m'ennuyez avec vos bêtises...

CORASMIN.

Pardon !
Seigneur ; vous ne pensez, vous, qu'à votre cordon,
Moi, je pense à mon rôle, ici-bas sur la terre,
Chacun son lot, l'acteur et le propriétaire...

. . . .

. . . .

On comprend qu'avec un pareil système de conversation, — qui agace les nerfs de la plupart des interlocuteurs à qui ils s'adresse, — Corasmin-Riboulot ne fasse pas de vieux ossements dans les différentes maisons qu'il parcourt. — Il en est aujourd'hui à sa 43e porte. Plaise au ciel et à la tragédie que ce soit la dernière !

CORNIFLAX (Zénobie - Plectrude - Musidora Gras-de-Bœuf, femme). — La femme Corniflax est *blancomane*. Deux mots d'explication pour ceux qui ne seraient pas au courant de ce qualificatif. Depuis la fermeture de feu la Loterie royale, un gouffre où s'engloutissaient les économies de toutes les mégères parisiennes en général, et les rapines de la femme Corniflax en particulier. cette prêtresse du cordon et

3

de la soupente s'est jetée à corps perdu dans les loteries particulières, où elle est violemment accusée par la malignité des voisines, « de faire son beurre. » — Loteries pour l'anniversaire de la naissance de Mahomet, — ou pour l'érection d'une statue à Tamerlan, — ou pour les frais de premier établissement de l'ouvroir de Zanguebar, — ou pour ceux du fourneau philanthropique de Téhuantepek; — loterie pour la souscription Prudhomme, pour la souscription Calas, pour la souscription Fumade, pour la souscription Gobseck, pour la souscription Volauvent, la femme Corniflax souscrit à tout, se fait inscrire partout, prend tout, — et ne gagne nulle part. C'est une des défenseuses les plus intrépides des principes aléatoires sur lesquels sont basées les combinaisons du trente et quarante, aussi bien que celles de la roue de fortune, qui vous fait gagner, à la foire de Saint-Cloud, un... objet de faïence, pansu comme les lèvres d'Hyacinthe, et qui vous est adjugé moyennant **3 francs de billets, une fois payés. — Vous**

en trouverez de tout pareils à 75 centimes chez le premier marchand du coin.

Un dernier trait sur la femme Corniflax,
et le plus caractéristique ; elle pétitionne
en secret et recueille des signatures pour
le rétablissement des jeux publics.

Gardez-vous bien d'aller *louer* dans la
maison dont elle est le molosse (215, rue
Bourtibourg), elle vous forcerait à prendre
trois ou quatre billets de la *Loterie des
orphelines*, à titre de denier à Dieu.

CRÉBAHU (Monique-Teutonique-Véro-
nique Boulachien, femme). — En 1825,
la jeune Boulachien débuta brillamment
dans la littérature parisienne, par la publication d'un recueil de poésies : *Amour
et Diaphragme*, dont *le Miroir*, *le Pa-
pillon*, *l'Azur*, *le Diablotin*, *le Fer à friser*,
et autres petits journaux du temps firent
un compte rendu superélogieux. C'est
dans ce délicieux volume chamois qu'on
trouve la strophe suivante, adressée à
M. Timoléon C..., professeur de canne
et de boxe française :

Ami, ce que j'aime en toi,
Ce n'est point ta grâce extrême,
Ni la majesté suprême,
Qui luit, comme un diadème,
Sur ton front, vrai front de roi;
Non, ami, non, ce que j'aime,
Ce que j'aime en toi, c'est toi !

Un mois après la publication de ce brûlant factum, M. Timoléon Crébahu épousait mademoiselle Monique Boulachien devant M. le maire de Clamart. Le futur apportait en dot son talent, ses bottes et ses dettes ; la future, une somme de 300 francs placée à la caisse d'épargne, et qu'elle eut l'imprudence d'en retirer à l'époque de son mariage ; quinze jours après, cette somme était bue jusqu'au dernier *monarque*, par le nommé Crébahu, qui rentra chez lui, en battant les murailles ainsi que la dixième muse, son épouse. — Aujourd'hui la poétesse est réduite à rimer obscurément dans une loge du passage des Deux-Boules, 53; elle se venge de ce désastre en traitant son propriétaire de Philistin, et ses locacataires de bourgeois. En revanche, elle

3.

Ursule Doublesix.

n'a pas assez de cajoleries pour les porteurs d'eau qui fréquentent la maison, et qu'elle appelle en leur tapotant les joues, « des Léopold Robert sortis de leurs cadres. »

DOUBLESIX (Ursule-Cyprienne Lichon, femme). — Andoche Doublesix, le mari de la fille Lichon, est, de son état, « professeur chorégraphe, » ainsi qu'il s'intitule lui-même, et « premier-second-grand-troisième rôle, » dans le corps de ballet du Petit-Lazary. C'est au sein de la loge de sa trop complaisante épouse qu'il répète le fameux pas du *Chou-fleur*, dans la *Grotte du Désespoir*, ou le divertissement à grand spectacle des *Noyaux de cerises*, qui lui a valu tant d'applaudissements, de la part des habitués du café Edmond. C'est encore chez sa femme, « qu'il reçoit, » et qu'il donne les bals hebdomadaires, où ses élèves (quels élèves, Dieu clément !), font assaut de *Varsoviana*, de haute courtoisie, et de coups de pied à la hauteur des tempes. Ces soirs-là, Cyprienne Doublesix est chargée du vestiaire et des rafraîchissements, et elle s'acquitte de ces deux emplois à la satisfaction générale — du professeur chorégraphe. L'eau-de-vie, les chaussons aux pruneaux, et plusieurs moitiés de harengs très-avancés — dans leur éducation — forment la base du buffet alimentaire que dirige la fille Lichon. Quels vifs éclats de gaieté et quels tendres épanchements, dans cette loge, où les parfums combinés d'un quinquet, de deux plats de choucroute, et de dix-huit danseurs, surnagent à travers une atmosphère huileuse! Les murailles de la maison, rue de la Perle, 123, en tremblent chaque semaine, et les locataires n'en dorment pas de la nuit.

Mais, voyons, entre nous, est-ce que des locataires ont besoin de dormir? Je n'en vois pas, quant à moi, la nécessité, ainsi que le disait judicieusement hier, à une voisine, la femme Doublesix.

DUMERLAN (Pacôme-Fructueux-Hilarion). — Prenez une voiture à l'heure et transportez - vous chez les propriétaires des maisons suivantes :

1° Rue Barre-du-Bec, 231, on vous dira que Dumerlan *gratte* sur les termes et *carotte* sur les fournitures de veilleuses ;

2° Place de la barrière Montmartre, 57, on ne manquera pas de vous objecter que le même Dumerlan a pour habitude d'établir au coin de sa loge une sellette de décrotteur, sur laquelle, les jours de pluie, il force les visiteurs à poser leurs chaussures, pour se faire cirer par lui, dans le double but de ménager son escalier et de lever une contribution forcée sur les *pantes*, — comme il les appelle ;

3° Enfin, boulevard Saint-Denis, 99, on vous répondra infailliblement que le Dumerlan déjà nommé *exige* des nouveaux locataires la représentation de leurs contrats de mariage, — il ne reçoit que des gens mariés sous le régime dotal, — plus celle d'un diplôme de bachelier ès lettres ou ès sciences, et, pour les femmes, d'un brevet d'institutrice ; *item* d'un certificat de vaccination ; — d'un autre de libération du service militaire ; — d'une police d'assurance mobilière ; — d'un livret à la caisse d'épargne de 1000 francs par tête de locataire ; — de factures de l'année courante acquittées ; — et enfin d'une attestation de bonnes vie et mœurs, délivrée par six négociants patentés. — *Nota.* Moyennant une prime de quinze francs une fois payée, Dumerlan consent généreusement à remplacer par sa propre signature celle des six négociants en question, et à tenir, sans autres preuves, votre moralité parfaitement établie.

Vous voyez qu'il n'y a guère de cloporte plus gentillet, et qu'il faut que les propriétaires ci-dessus aient eu le caractère bien mal fait pour avoir f...lanqué à la porte un personnage aussi estimable.

ÉCOUVILLON (Victor - Michel - Chrysostome). — Ecouvillon est un véritable farceur de l'école Romieu ; sa vie se passe, non pas à balayer les escaliers, à monter des lettres ou à recevoir des quittances, fi donc!... mais bien à mystifier ses loca-

taires. Il aime à rire, cet homme! Citons
en passant quelques-unes de ses turlupi-
nades les plus gracieuses :

Rue Portefoin, 118. — A donné une
forte jaunisse au jeune homme du *cintième*,
en lui faisant accroire que le mari de la
petite dame voilée de noir était venu le
demander de grand matin, avec d'énormes
moustaches et des pistolets plus énormes
encore.

Place Vintimille, 95. — Envoie les em-
ployés des Pompes-Funèbres chez le gros
' monsieur du second, malade d'une fluxion
de poitrine.

Passage Rivoli, 77. — Consacre une no-
table portion de ses étrennes à saupoudrer
de poivre les marches de l'escalier, et rit
à se tordre en entendant les éternuments
à jet continu qui, pour les locataires de la
maison, sont la suite de cette « bonne
charge. »

Place Royale, 304. — Persuade à la
fruitière du rez-de-chaussée, enceinte de
quatre mois, qu'elle accouchera d'un veau
à deux têtes, et l'engage à se rendre rue

Beaujolais, café de la Pluviotte, afin de consulter le docteur Grassot sur le moyen de parer à cet accident.

Impasse Mazagran, 49. — Prévient M. B..., poëte sans bottes, mais non sans talent, qu'un facteur de l'administration des Messageries impériales s'est présenté en son absence, le 1er avril, pour lui remettre un sac cacheté, valeur 3 400 fr., expédié d'Aurillac, où M. B... a une vieille tante. — Engage traîtreusement ce locataire à courir de bureaux en bureaux, pour déposer sa réclamation.

Rue de la Lune, 103. — Annonce à tous les locataires que leurs loyers sont triplés, et qu'on leur signifie congé. Le propriétaire le prie d'accepter le sien.

Rue d'Antin, 56. — Envoie le porteur d'eau chez M. S***, hydropique, et un bottier à M. X***, ancien militaire amputé des deux jambes. — (Cette dernière plaisanterie a valu à Écouvillon une *offre* de coups de canne, fin courant, de la part du fils de M. X***.)

Rue de la Tour-d'Auvergne, 87. — Dit

Notice sur Ecouvillon, rue d'Antin, 56,
militaire amputé des deux jambes.

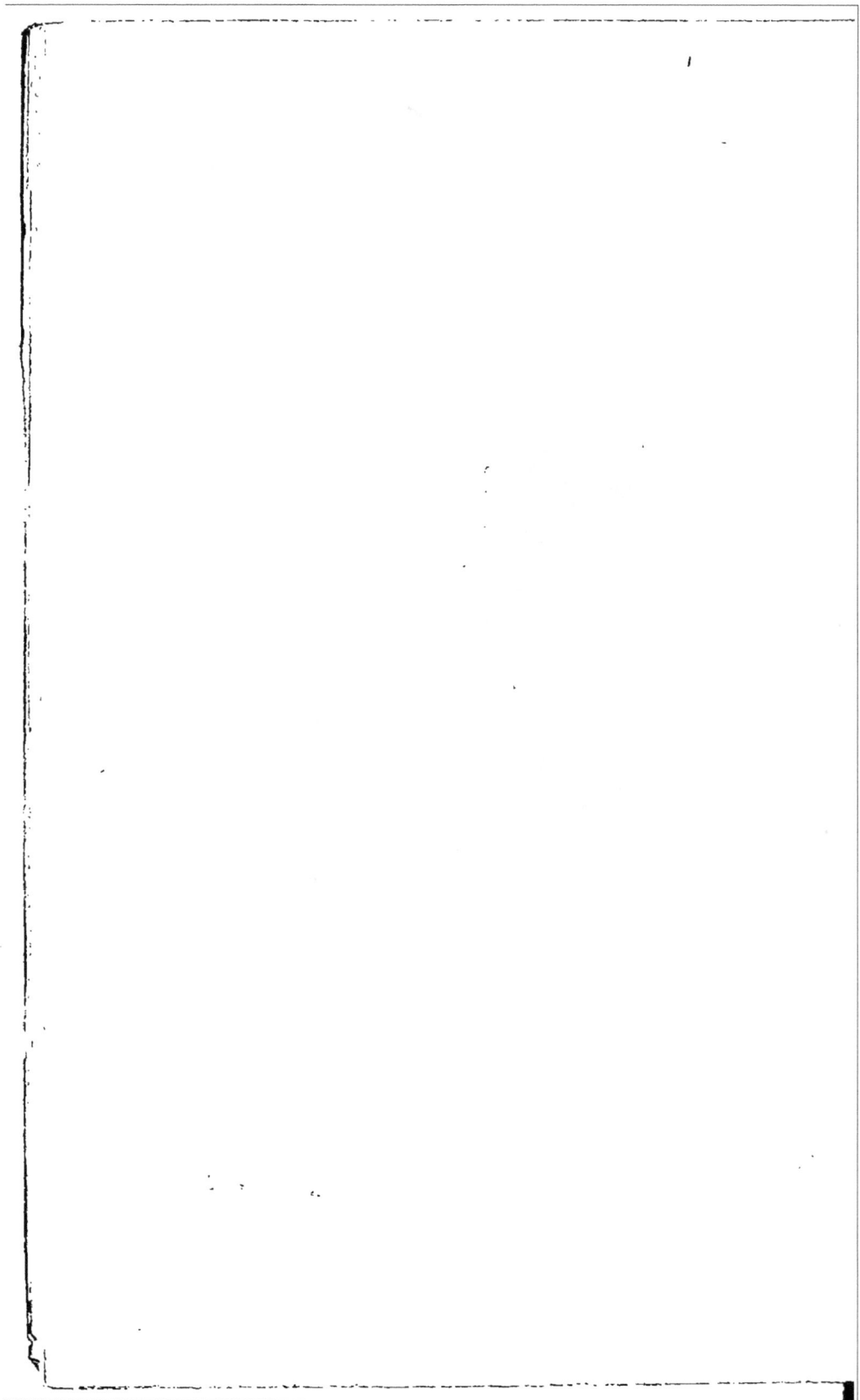

à qui veut l'entendre que mademoiselle de R..., ancienne chanoinesse, et vivant fort retirée, est une femme très-vertueuse, une vraie *sage-femme*, et, comme telle, lui adresse, après minuit, trois lorettes en mal d'enfant.

ÉGUEULARD (Ernestine - Juliette Siffle-dru, veuve). — La veuve Égueulard comprend ses devoirs de concierge, et, comme elle le dit elle-même, « elle sait les remplir. » Malheur au locataire qui ne paye pas exactement son terme le 8 ou le 15 ! Malheur à celui qui rentre à deux heures du matin ! Trois fois malheur à ceux qui ont des chiens, des enfants ou des pianos ! Autant de victimes pour la femme Égueulard, qui leur « dit carrément leur fait, — encore un de ses mots ; — elle a un registre de recettes, une sébile qui lui sert de caisse, et un tarif d'amendes. Extrayons-en l'aperçu suivant :

Pour rentrée tardive après mi-nuit . . . . 4 f. 50 c.
Chaque heure suivante. . . . . 3 »

Pour injure à *madame l'admi-*
nistratrice (lisez la femme
Egueulard). . . . . 5 »
Pour très-grosse injure. . . . 10 »
Coup de pied. . . . . 25 »
Coup de pied *avec scandale.* . 40 »
Poussière sur le paillasson. . . 2 »
Bruit dans la maison. . . . . 3 »
Récidive. . . . . 6 »
Carottes dans le plomb. . . . 4 »
Eaux de choux-fleurs dans les
cuvettes. 5 50
Etc., etc.

FICHTAPOIRE (Armande-Yolande-Cori-
sande, demoiselle). — Trente à quarante
ans, une robe feuille morte, un tartan, un
cabas, une chaufferette, un chien obèse,
une paire de lunettes bleues, un chapeau
à coques coupé sur le modèle des capotes
des anciens cabriolets de place, des soc-
ques articulés, un parapluie rouge orné
d'un manche en os représentant une main
qui pince de la lyre, une voix rauque, une
belle âme et un penchant irrésistible pour

les prunes à l'eau-de-vie, les parties d'ânes
et les clercs d'huissier. — Signe particulier : cultive « avec quelque succès » le
bout rimé et l'acrostiche. Exemples :

1° M. Champignel, garçon de magasin,
et commensal assez habituel de l'agréable
Armande, lui avait proposé jadis ces quatre fins de vers quelque peu sauvages :

> pleutre;
> bichon;
> feutre;
> bourrichon.

Armande remplit aussitôt de la manière suivante le quatuor de rimes proposé :

Votre brillant esprit, ce soir, était bien pleutre;
Quel chagrin vous troublait, dites moi, mon bichon?
Pourquoi tout de travers mettre ainsi votre feutre?
Qu'aviez-vous donc, ami, dans votre bourrichon ?

2° Sur ces quatre autres rimes appor-
tées par le même :

> perle;
> tonneau;
> jambonneau,
> merle.

La même improvisa, en moins de deux minutes, le quatrain ci-dessous :

Vous êtes précieux pour moi plus qu'une perle ;
Que toujours votre amour soit du même tonneau,
Solide et nourrissant comme un fort jambonneau;
Et vous serez toujours pour Armande un beau
[merle.

N.-B. — Armande Fichtapoire a envoyé récemment une pétition à l'Institut, pour demander que les femmes puissent, à l'avenir, se porter candidates à l'Académie française.

Forteflemme (Raphaël-Eustache-Bruno). — Il y a dix ans, trois mois et quelques jours, que les lauriers du duc de Saint-Simon ont commencé à empêcher de dormir le nommé Forteflemme. En sa qualité de portier cordonnier, cet homme est naturellement *envieux*... de toute espèce de gloire, et celle qu'a acquise l'immortel auteur des *Mémoires* ne pouvait manquer de lui faire venir l'eau à la bouche.

— Moi aussi, j'écrirai l'histoire de ma vie, et je la publierai, s'est-il écrié dans

Forteflemme.

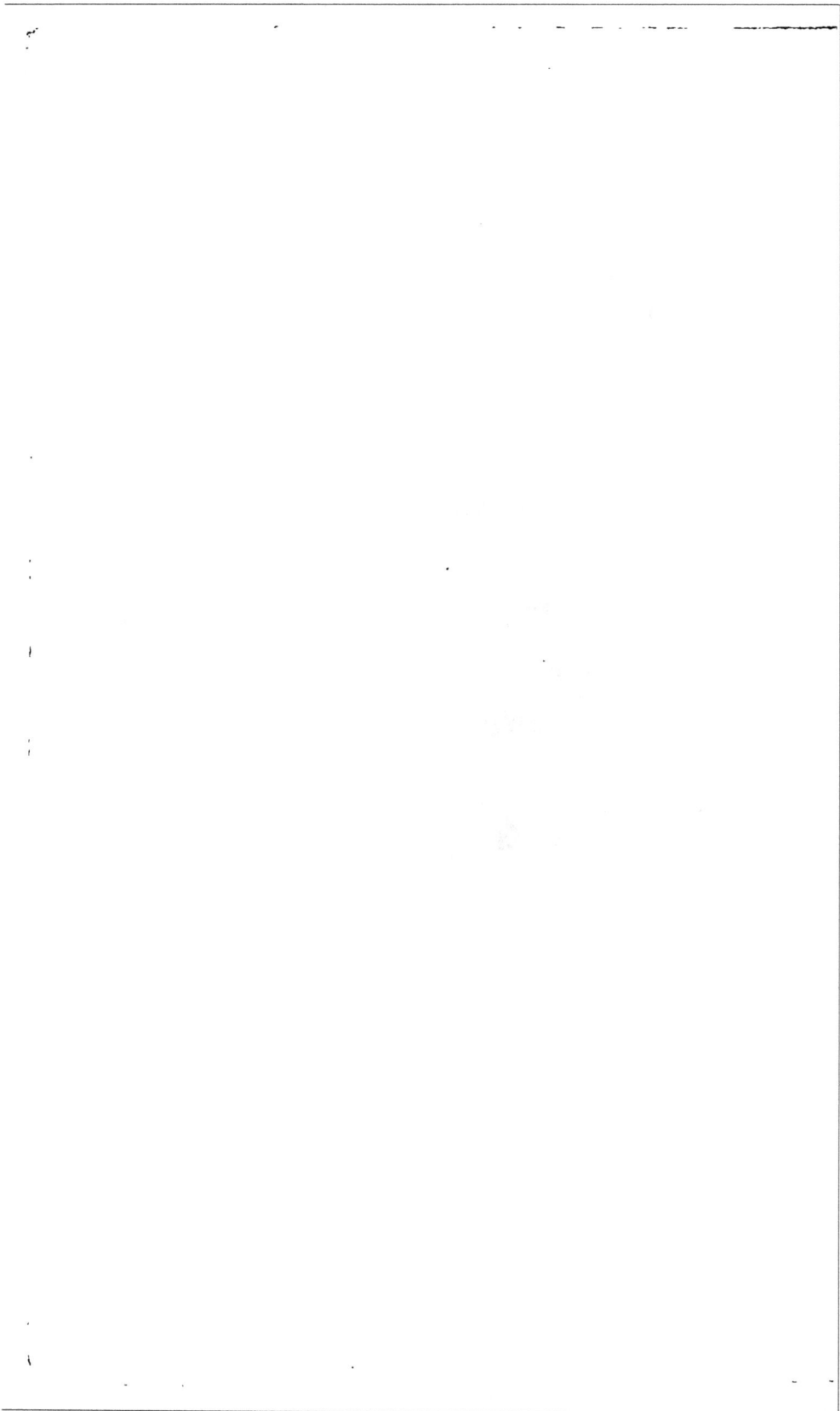

un transport de généreuse indignation ; et, au fait, pourquoi ne la publierais-je pas ? Alexandre Dumas a bien publié la sienne !...

Hélas ! ce qui fut dit fut fait !

Citons, pour mémoire, quelques passages extraits de *ceux* du portier-cordonnier-chroniqueur :

30 décembre 18... — M. Guibollet rentre à minuit et demi, par extraordinaire, et me prie de *l'escuser*, s'il me fait tirer le cordon aussi tard ; je lui réponds doucettement que je suis payé pour l'attendre, et j'éclaire le sieur Guibollet jusqu'à son *cintième*.

1er janvier. — Guibollet ne m'a donné que cinq francs d'étrennes !... c'est dégoûtant !... Croquez donc le marmot et brûlez votre bougie, en attendant jusqu'à l'aube des volatiles pareils !.., Que je t'y repince aussi, Guibollet, mon mignon !...

4 janvier. — Je l'ai repincé... Il est rentré, hier, à minuit moins trois minutes, et je l'ai laissé carillonner, à tour de bras, sans bouger de ma *supente*... De guerre

lasse, il est allé coucher à l'hôtel du Louvre, à l'autre bout de Paris... les voyages forment la jeunesse!...

Gigambole (Fortuné-Mucilage-Eratosthène). — A la bonne heure, voilà un homme, — je veux dire, voilà un portier selon le cœur des propriétaires modernes.

Comme Justinien, il a composé un Code, le *Code du propriétaire et du concierge,* divisé en 3 livres, 72 titres, 180 chapitres, et 2 283 articles, 2 articles de plus que le Code Napoléon. (Paris, Passard, éditeur, 1 vol. in-8. Prix : 7 fr. 50.) — Nous avons cueilli, dans cette curieuse brochure, les passages les plus myrobolants, que nous exhibons ci-après à l'admiration des lecteurs :

Article 1er. — Un locataire est un individu de l'un ou de l'autre sexe, qui n'a pas le moyen d'avoir une maison *à lui.*

Article 2. — Un propriétaire est un individu, toujours de l'un ou de l'autre sexe, qui possède une ou plusieurs maisons, et qui a le droit d'en être fier.

Gigambole.

Article 3. — Un concierge est un individu, plus que jamais de l'un ou l'autre sexe, — inventé par la Providence pour soulager les propriétaires dans l'administration de leurs immeubles. — Les concierges sont donc des êtres providentiels, et, comme tels, leur personne est inviolable.

Article 4. — Les propriétaires et les concierges ne doivent aucuns égards aux locataires ; ils ne leur doivent que la vérité. Quant aux locataires, c'est différent : ils doivent leurs loyers.

. . . .

Art. 221.—Le bail fait la loi des parties, — pour le locataire. — Il n'oblige le propriétaire qu'à recevoir son argent. . .

. . . .

Art. 448 — Un locataire qui ne paye pas exactement son terme le 8 ou le 15, est capable de tout. Il serait bon de créer une maison d'arrêt spéciale pour cette sorte de malandrins. . . . . .

. . . .

Art. 907. — La maison est une commu-
nauté. Le concierge est le chef de la com-
munauté. La bûche, les étrennes, les
pourboires et autres menues gratifications
ne sont qu'une faible, — qu'une très-faible
indemnité du mal et de la peine qu'il se
donne pour *ses* administrés, trop souvent
ingrats. . . . .

. . . .

Oh! oui, Gigambole, trop souvent,
certes, vous avez déniché le mot !... Mais
passons à un autre bipède.

GRATTEBUCHE (Amanda-Césarine Pâte-
ferme, veuve). — Madame Grattebûche
« s'est sacrifiée » au bonheur de sa fille,
Nicotine - Pivoine Grattebûche, un des
fruits secs les plus distingués du Conser-
vatoire. C'est pour Nicotine qu'elle s'est
précipitée à balai perdu dans la carrière
du *portiérisme;* c'est pour Nicotine qu'elle
fait des ménages, — et Dieu sait comment
ils sont faits, les ménages en question ! —
C'est toujours pour Nicotine qu'elle pra-
tique le *grattage* de toute espèce de den-

rée, et sur l'échelle la plus étendue. De son côté, Nicotine fait le bonheur des locataires en général, et de la veuve en particulier, en éreintant du matin au soir un vieux sabot à quatre octaves, et en piaulant de la plus lamentable façon les *gorgheggi* du professeur Bordogni, de même qu'une poule épileptique qui ne pourrait parvenir de gré ou de force à se débarrasser d'un œuf récalcitrant.

Dieu vous garde, lecteur, de la **veuve** ou de la fille Grattebûche !

HOUSSEPIGNOL (Louis-Eustache-Arcésilas). — En rassemblant la volumineuse — et même trop volumineuse — correspondance éparpillée depuis vingt ans en trois cents mains et en quarante-deux maisons différentes, par Eustache Houssepignol, on pourrait composer un ouvrage très-instructif, à l'usage des locataires, et qui s'intitulerait du nom de son auteur : *Houssepignol peint par lui-même.* Houssepignol ne parle jamais « à ses contribuables, » — c'est ainsi qu'il les appelle,

— il se borne à leur écrire; et si son propriétaire l'en croyait, il y a beau jour qu'il aurait remplacé l'inscription traditionnelle, mise au-dessus de sa loge : *Parlez au portier*, par celle-ci, généralement moins usitée : *Ecrivez au concierge*.

Nous sera-t-il permis de glaner dans les paperasses de ce Sévigné de la soupente et du cordon, pour donner à nos lecteurs une idée du style houssepignolesque, — un grand style, qui rappelle celui des harangues du *De viris*, ou la forme jeannotière des *Nouvel'es diverses* des grands journaux. Glanons donc un instant, pour voir :

« A monsieur Sorel, clerc de notaire, rue de Madame, 17.

« Jeune homme,

« Vous recevez, tous les samedis, une petite dame qui n'essuie pas ses pieds sur le paillasson du vestibule. Vous comprenez que cela ne peut pas m'aller longtemps comme cela. Engagez donc cette dame à

Houssepignol (lettre à M. Sorel).

5.

mettre de l'eau dans son vin, un para-
crotte sous ses bottines, ou un souvenir
dans sa tabatière; sinon, faites-moi celui
de faire vos paquets. Je ne vous en dis
pas davantage. Dieu est grand, et le propriétaire ne voit que par les verres de
mes lunettes.

« Mille amitiés,

« H... »

« Au gros bonhomme du sixième, place
des Victoires, 8, dont le nom ne peut se
prononcer qu'en éternuant.

« Cher,

« Vous *nous* devez deux termes. Quand
je dis *nous*, vous comprenez que cela veut
dire la propriétaire et moi, — ou plutôt
moi et la propriétaire, puisque cette respectable veuve m'a choisi pour son pléni-
potentiaire auprès de *vous autres*. Vous
concevez, mon brave, qu'il faut en finir.
J'ai bien voulu être gentil avec vous, mais
la gentillesse, aussi bien que le loyer, a
son terme, et c'est pourquoi je vous en-
joins de me payer le vôtre, — les deux

vôtres, — d'ici à tantôt, faute de quoi je mettrai en fourrière votre paillasse, vos trois loques, et vos quatre bibelots. Epargnez-moi cet écœurement.

« Deux poignées de main,

« H... »

« A lord X..., qui descend tous les jours en victoria, à la porte de mademoiselle de Saint-Cactus, 34, rue de La Bruyère :

« Mylord, vous êtes un homme d'honneur, — au moins, jusqu'à présent, je n'ai eu aucune raison d'en douter... Comment se fait-il alors que Votre Seigneurie ne m'ait donné que dix francs, pour lui tirer le cordon, tous les matins, à deux heures après minuit?... En croquant périodiquement le marmot pour un pair d'Angleterre, tel que vous, je m'expose certainement à gagner des fraîcheurs sur ma chaise longue, et pour m'en guérir, il ne faudrait rien moins qu'un remède *souverain...* j'espère que Votre Seigneurie me comprendra... Ah! que je vous dise encore... L'autre nuit, je rêvais que je voya-

Houssepignol (lettre à lord **X**).

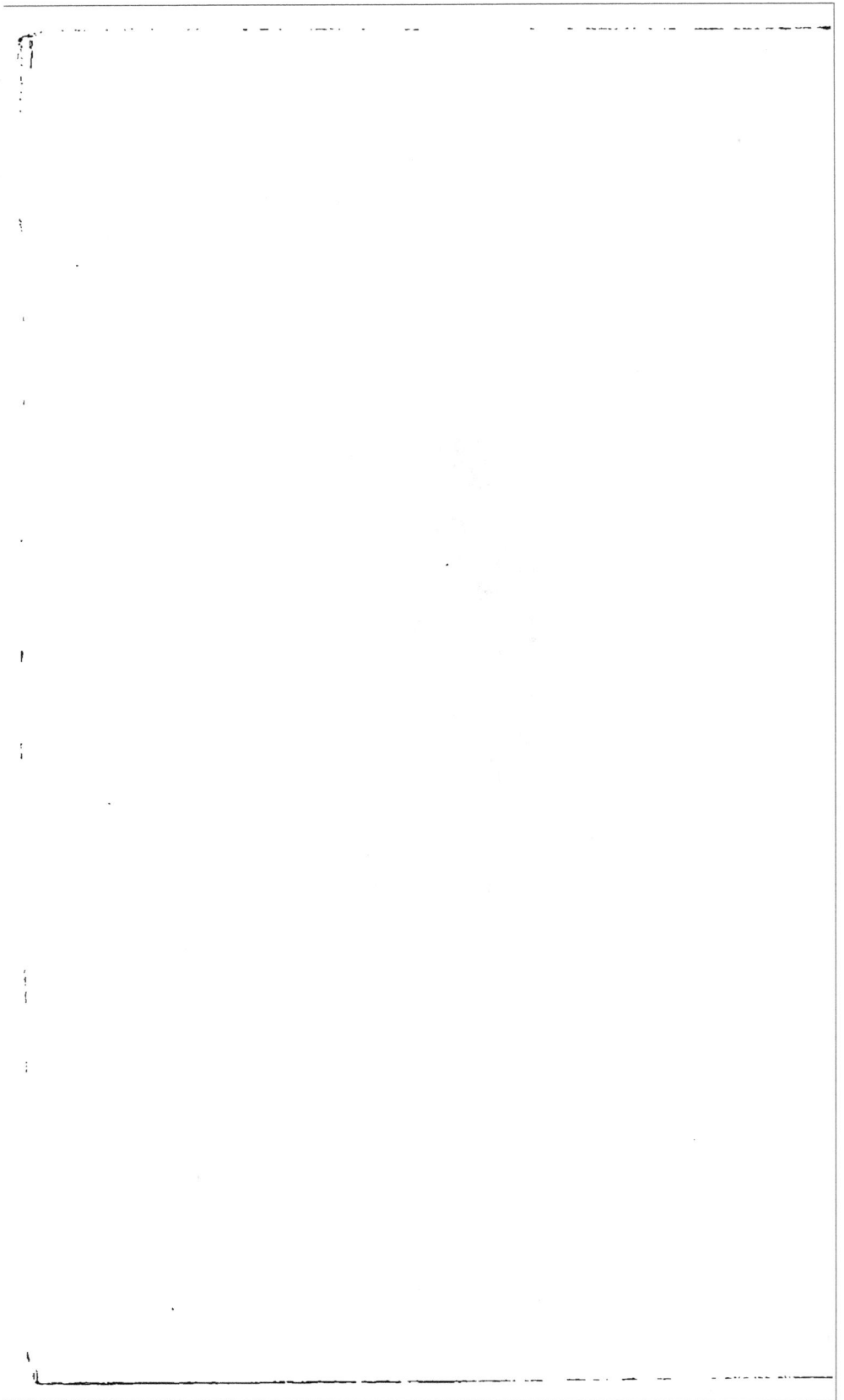

geais sous la conduite d'un riche étranger, et que nous nous dirigions ensemble vers la Guinée... Ce riche étranger, n'était-ce pas vous?...

« Je vous embrasse comme je vous aime,

« H... »

« A la femme du banquier de l'entresol, rue Cadet, 55.

« Blonde imprudente,

« Croyez-vous que ma légitime ne se soit pas aperçue des regards chargés d'électricité avec lesquels vous parcourez mon buste, chaque fois que vous passez devant la loge. Vous figurez-vous, par hasard, que je vais compromettre la paix de mon intérieur et la haute moralité de mon passé, pour deux ou trois raccommodages de pantalon que vous m'offrez... Encore si c'était une façon de paletot, je ne dis pas !... on verrait à s'arranger !...

« Finissons, je vous prie, cette odieuse mystification ; mon parti est pris à cet égard; votre mari saura tout; c'est à vous de réfléchir.

« Recevez mes amicales félicitations,

« H... »

N. B. On nous assure qu'une pétition circule en ce moment parmi les contribuables actuels de Houssepignol, à l'effet de poser sa candidature au prix Montyon. — Nous offrons notre signature.

ITOBAL (Philoxène-Crépinien). — Avant d'être concierge, cet homme a servi, — non pas les maçons, ni de jouet à la curiosité publique, mais dans une noble et antique maison du faubourg Saint-Germain, où il a pris les formes élégantes et polies des gens du plus grand monde; aussi, en quittant la livrée du valet de pied, pour la souquenille du Pipelet, a-t-il conservé des façons de saluer, de parler et d'agir qui sentent leur gentilhomme à plusieurs carats, et qui, suivant une expression dont il use assez habituellement, « lui servent à parfumer la vie. » Suivons

Itobal.

un peu ce parfum à la piste, dans les différentes loges occupées par Itobal, et flairons-en la qualité:

Rue de la Perle, 74.

ITOBAL (à un aspirant locataire). — Ainsi, — que monsieur veuille bien me pardonner ce point d'interrogation indiscret, — monsieur est bien décidé à faire son ménage lui-même?

LE LOCATAIRE. — Parfaitement décidé.

ITOBAL. — Alors, que monsieur excuse encore ma hardiesse, mais je vais être obligé de faire connaître au propriétaire les déplorables renseignements que j'ai eu l'honneur de recueillir sur monsieur...

LE LOCATAIRE. — Quels déplorables renseignements?... Qu'osez-vous dire?...

ITOBAL. — Ce n'est pas moi qu'ose... Oh! grands dieux, je serais désolé que monsieur pût croire..., c'est la notoriété publique qui a l'infamie d'accuser monsieur d'être sans mœurs, sans meubles, sans crédit, sans chaussettes et sans pudeur... Est-ce bien tout cela qu'il faut que je dise au propriétaire?

LE LOCATAIRE. — Par exemple!... Décidément, mon brave, je change d'avis; c'est vous qui ferez mon ménage.

ITOBAL. — Enchanté d'avoir fait la connaissance de monsieur!... Je le disais bien, moi, que tous ces renseignements-là c'était autant de calomnies.

Place Breda, 35.

Une dame voilée descend de voiture, à dix heures du matin; elle tient sous son bras un objet de toilette en coutil, et plié dans un journal. — Personne n'est venu me demander?

ITOBAL. — Si fait, si fait; hier soir, et dès que madame est partie, il est venu, ce monsieur...

LA DAME. — Quel monsieur?... le grand brun?... ou le petit blond?

ITOBAL. — Eh! non... madame sait bien qui je veux dire... ce monsieur âgé qui a l'air si respectable!...

LA DAME. — Oui, oui... eh bien, que lui avez-vous dit?...

ITOBAL. — Mon Dieu, je lui ai dit que madame était partie pour rendre visite jusqu'à ce matin à sa nièce qui était en couches...

LA DAME. — Bravo ! excellente idée !...

ITOBAL. — Et que madame était si joyeuse d'être grand'tante, qu'elle m'avait donné un double louis, avant de monter en voiture?

LA DAME. — Un double louis? y pensez-vous? vous aurez trois francs, et n'en parlons plus.

ITOBAL. — Trois francs? oh ! impossible !... madame ne voudrait pas me faire passer pour un menteur auprès de ce monsieur âgé, qui a l'air si respectable... j'irais plutôt lui dire tout moi-même, à cet homme, et comme justement il va revenir ici dans une heure...

LA DAME. — Vieux loustic, c'est qu'il le ferait comme il le dit... allons, tenez, voilà votre double jaunet...

(*Apart.*) Après tout, je me le ferai rendre par Ernest.

ITOBAL. — Mes compliments bien sincères à madame et à sa charmante nièce qui est en couches.

Rue des Lombards, 92.

LA BONNE DU DROGUISTE. — Père Itobal, si vous aimez le café martinique, en voilà deux kilos pour vous, de la part de monsieur, mais à une condition... c'est que, lorsque madame reviendra demain de sa campagne, vous ne lui direz pas que je suis allée à l'*Eldorado* avec son mari... Vous savez comme elle est, elle se mettrait tout de suite martel en tête pour rien, et ce n'est pas la peine.

ITOBAL. — En vérité, mademoiselle, je suis sensible... extrêmement sensible à une telle marque d'attention... mais, voyez-vous, je ne puis pas... je ne dois pas accepter...

LA BONNE. — Et pourquoi ? qui vous en empêche ?

ITOBAL. — Mais tout, mademoiselle..., le décorum, le respect du foyer domestique...

LA BONNE. — Allez donc, avec votre

foyer domestique, vieux monteur de carottes !... Voyons, que dois-je dire à mon
maître ?

ITOBAL. — Eh bien ! dites-lui... que je
ne prends jamais mon café sans sucre !...
Une vieille habitude que j'ai comme ça !...
tenez, exactement comme vous d'aller à
l'Eldorado !...

JÉDUFLAN (Tarquin-Sédécias). — Jéduflan eut le malheur, trois jours avant
d'atteindre sa majorité, de lire le drame
de Victor Hugo intitulé : *Angelo*, et de
s'éprendre du rôle d'Omodeï, ce farouche
espion du conseil des Dix. L'étude trop
approfondie de ce rôle, et sa translation
dans la vie réelle, tels furent donc les
deux pivots sur lesquels tourna et tourne
encore depuis quinze ans l'existence *pi-
pelétique* de Jéduflan. Il passe ses jours
et ses nuits à espionner ses locataires, à
les *filer*, comme il le dit lui-même dans
son argot d'alguazil, et à minuter contre
eux d'interminables rapports, dont il as-
somme ses propriétaires. Prenons au ha-

sard, parmi les rapports susdits, afin de nous faire une idée de ce vilain rapporteur :

Paris, 31 mars 1853, neuf heures du matin, en ma *supente*, 55, rue Simon-le-Franc.

Tout est calme dans la maison, tout est très-calme... Eh bien ! vous me croirez si vous voulez, mais ce calme-là m'est suspect. Habituellement les locataires ne sont aussi calmes, le 31 mars, que lorsqu'ils méditent, au préjudice du propriétaire ou du concierge, un poisson pour le 1er avril... nous verrons bien !

Paris, 1er avril 1853, huit heures du soir, même endroit.

Je le disais bien que ce calme-là m'était suspect ; voilà trois locataires qui demandent d'avance un délai pour payer leur terme, sous prétexte « que les affaires ne vont pas... » Est-ce que nous pouvons entrer dans ces considérations-là, je vous le demande, monsieur le propriétaire ?...

14 juin 1854, midi, dans mon fauteuil Voltaire,
122, boulevard Beaumarchais.

La dame du premier revient du bain, où elle est restée huit heures... Elle est bien rouge... Que veut dire cette rougeur ?... J'ai peur de deviner...

17 mai 1855, 33, rue de la Vrillière.

... Je remarque, mon cher propriétaire, que votre boutiquier de gauche donne bien souvent à dîner. Méfiez-vous de ce nouveau Balthazar.

... Bourgeois, quand madame X..., la femme du boursier du second (celui qui a cette verrue et ces lunettes d'or sur ce tubercule), viendra chez vous pour sa petite quittance, ayez soin de ne laisser aucune bouteille de vin ou de liqueur à sa portée; ses domestiques m'ont confié *qu'elle buvait...*

15 février 1857, 210, rue Pigalle.

A monsieur Baluchon, ancien épicier et membre du conseil des prud'hommes.

Mon noble maître,

Le complot que je flairais est sur le

point d'éclore ; heureusement toutes les ficelles sont dans ma main, et les meneurs ne se doutent pas que j'ai l'œil sur *eusse*. Ils veulent vous demander une diminution de 60 fr. sur le loyer du petit atelier de peinture... Si ça ne fait pas transpirer !... des *artisses*, des propres à rien, qui en arrière vous appellent « vieille bête et vieux marsouin... » Oui, monsieur, c'est ainsi qu'ils vous prénomment, sans compter tout ce qu'ils vomissent sur le compte de madame Baluchon, à propos de la naissance de monsieur votre fils !...

19 août 1858, 52, rue de la Banque.

.... Il faut absolument que monsieur donne congé au jeune homme de l'entresol, celui qui cherche à se marier... Ce garçon-là a une dartre très-rouge et très-vive au milieu du dos, et bien qu'il la cache avec soin, j'ai eu la chance de la découvrir en essayant audit jeune homme un gilet de flanelle. Croyez-moi, monsieur, cette dartre vive peut perdre de réputation toute la maison.

« 4 janvier 1859, 122, rue Poissonnière.

« ... Le gros fabricant du fond de la cour fait la roue auprès de trois cuisinières du voisinage ; l'une d'elles, — une forte femme et qui sent l'ail, — est allée dernièrement souper avec lui à la Halle. Justement, le même soir, la fabricante était à la campagne... chez son cousin de l'hôtel Corneille. Hein, monsieur, quel assemblage de gens immoraux ! N'est-ce pas que ce serait là une fameuse occasion pour augmenter de 5 à 600 fr. leur loyer, — un pauvre petit loyer de 1000 écus ?... Croiriez-vous qu'il y a quatre jours, ils ont eu le cœur de m'offrir 15 *balles* pour étrennes ?

« Qu'eussiez-vous fait, à ma place ?... Vous les auriez refusées, peut-être ; eh bien ! moi, plus crâne, je les ai acceptées... »

On nous informe qu'une pétition circule en ce moment dans la maison sus-désignée, pour faire gannaliser Jéduflan, — de son vivant, bien entendu.

LAVABOT (Aristide-Simon). — Trente-cinq ans, taille moyenne, cheveux bouclés, nez grec, lèvres purpurines, teint blanc, doigts effilés, yeux de biche ; habit de Chevreuil, pantalon de Renard, gilet d'Humann, chaîne de Janisset, mouchoirs de Chapron, parfumerie de Chardin, bottes de Thonnerieux, chapeau de René Pineau, robe de chambre de Walh : une gravure, une vraie gravure de modes, quoi !... — Prend sur ses cartes le titre de « *Représentant de la maison Cabassol, 95, rue de la Ville-l'Évêque.* » — Quand on le dérange au milieu de son sommeil, ou de ses repas, envoie dire aux importuns, par son tigre, « qu'il n'est pas visible. » —A, dit-il, plusieurs affaires *de cœur*, qu'il mène à grandes guides, avec certaines dames du plus noble lignage ; s'il nous disait les noms de ces pécheresses blasonnées, vous n'en reviendriez pas, vous resteriez abêti, — absolument comme si vous lisiez les faits-Paris d'un grand journal ; — mais non, non, il ne vous les dira pas, parce que la discrétion, la loyau-

Lavabo (langage chevaleresque).

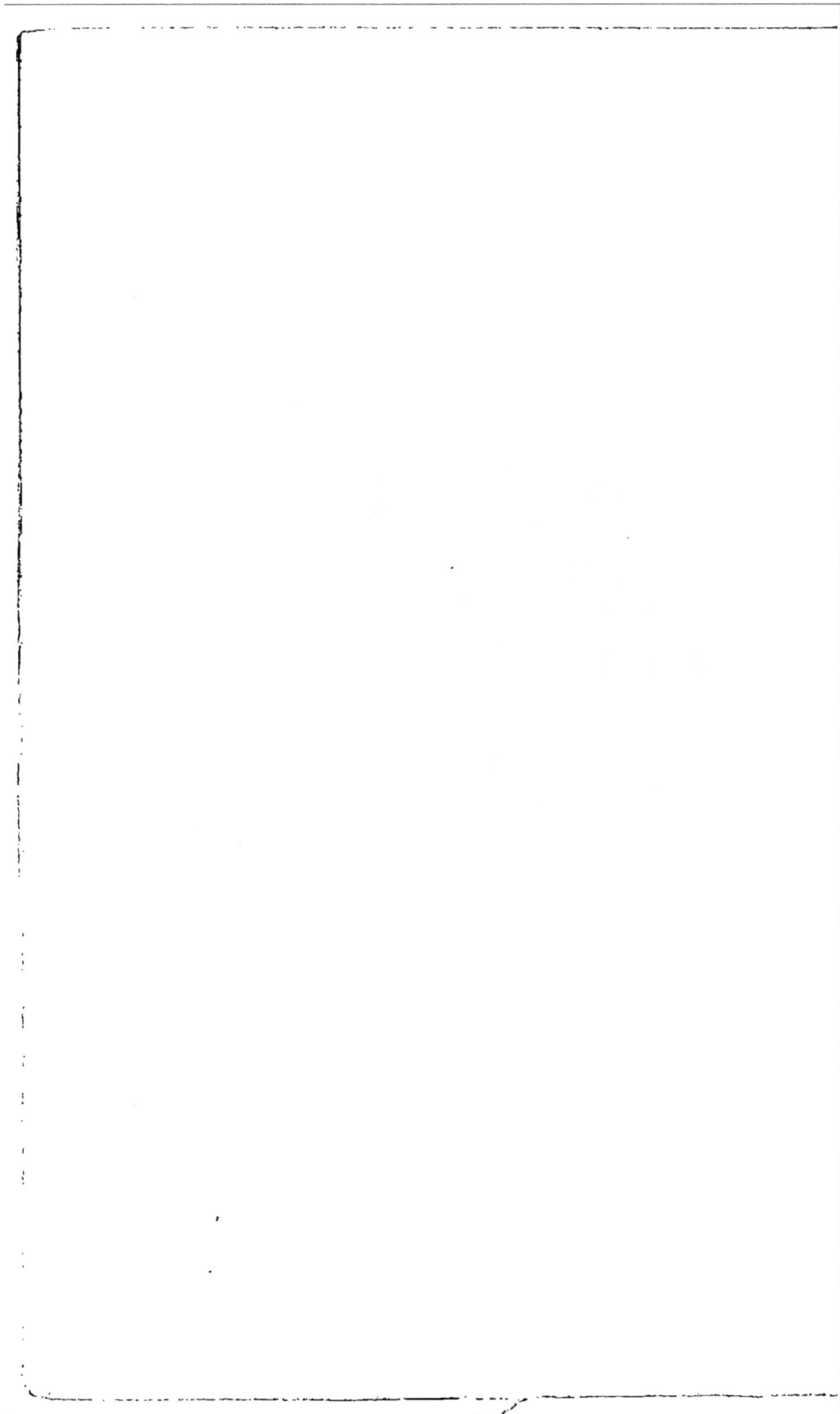

té, l'honneur... vous comprenez !... —
Signe très-particulier ; ne reçoit aucu-
nes étrennes ; bien plus, prête à ses locataires de l'argent, « des louis, » comme
il dit dans son langage chevaleresque. Ce
n'est pourtant pas un usurier, car il ne
prend aucun intérêt... au malheur de ses
débiteurs ; de convention expresse avec
lui, ceux d'entre ses obligés qui, ayant
reçu quinze louis, ne peuvent lui en res-
tituer vingt, au bout de huit jours (c'est
cela qu'il appelle : *prêter à la grande semaine*), perdent le gage qu'ils ont confié
à Lavabot... Quel gage ? me direz-vous.
Oh ! la moindre des choses, une babiole ,
un rien... un écrin, je suppose, ou une
demi-douzaine de couverts, ou bien deux
montres, ou même une pendule et des
porcelaines de prix... tout lui est égal, à
Lavabot, pourvu que ce soit un gage, un
vrai gage... d'amitié, bien entendu, car il
faut encore qu'il vous aime bien pour se
décider à un pareil trafic !... — Un de ses
meilleurs clients, un sculpteur, qui lui
confie régulièrement, tous les quinze

jours, les destinées d'un vieil ognon d'argent, affirme à qui veut l'entendre, que Lavabot prête encore plus que les gants à vingt-neuf sous ou que la *grande-tante* de la rue des Blancs-Manteaux, et qu'en conséquence, il devrait obtenir du conseil d'État l'autorisation d'écrire ainsi ses nom et prénoms : Lavabot (Aristide-Simon — de Piété).

Nous ne voyons aucune raison pour refuser une telle satisfaction à Lavabot.

MARASQUIN (Minerve).—Quelle Minerve que la Marasquin ! Jugez-en par les notes suivantes qui la concernent, et que nous communique un portiérographe, sous forme d'*éphémérides* :

1802. — Sa naissance.

1817. — Premières incandescences ;— grise un tambour-major des cent-suisses et l'empêche de rentrer à l'appel de huit heures.

1826. — Prend feu pour les Osages, en voyant la danse d'un de leurs chefs, Khtâ-vlâ-Nmsi (le Loup) ; — veut absolument danser cette danse avec lui.

Marasquin (Minerve).

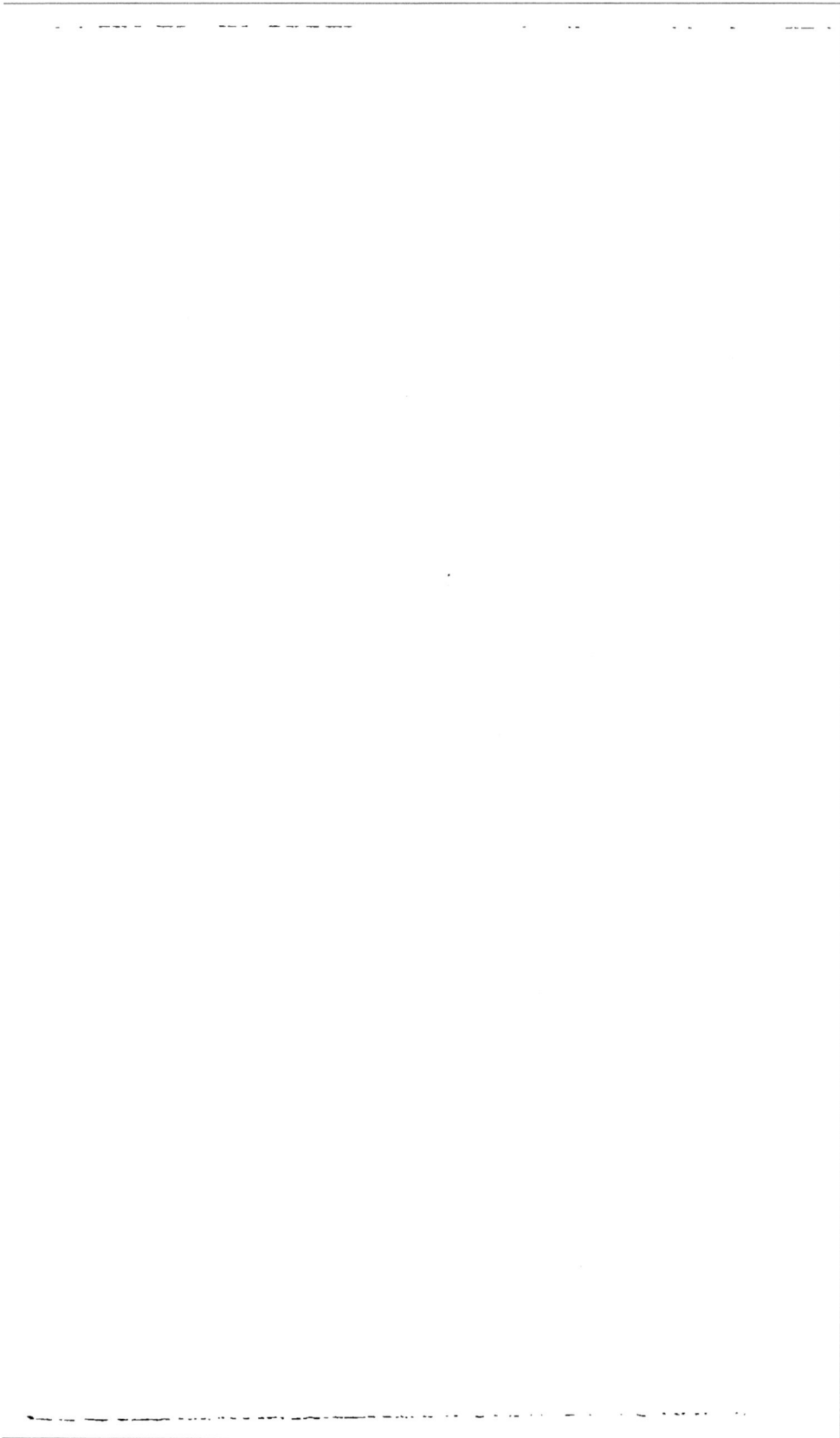

1827. — Suit l'expédition de Morée, et jette à Ibrahim son mouchoir à tabac. Ibrahim essuie ses bottes avec.

1839. — Fait des propositions à Mélingue.

1847. — Écrit à Bressant.

1858. — Annonce à Grassot qu'elle est une amie intime du « bon moine, » et lui offre une recette de *parfait amour*, etc.

NOUILLARDIN (Eutrope-Arthur). — N'offre de remarquable que la particularité des *amendes pour rentrées tardives*, — une habitude invétérée à laquelle il tient comme le lierre à l'ormeau ou la crasse à l'épiderme d'un réaliste.

Au portrait du père nous croyons devoir joindre celui du fils.

OGREBLEU (Mathurine-Sulpicienne Sanzaigreur, veuve). — *Fait* les déjeuners de ses locataires, et au besoin leurs mouchoirs ; — achève les bouteilles entamées, et met sans rougir cet achèvement sur le compte de l'évaporation... Elle est

terriblement évaporée, la veuve Ogrebleu!

PAPASOIF (Théodore - Jean - Baptiste-
Ernest). — Oblige les gens qui sollicitent
la faveur *de louer*, à passer devant lui un
examen *en forme*, (il est bottier de son
état); — vote par assis et levé sur leur
admission, et en conséquence ne bouge
pas de son fauteuil lorsqu'il n'y a pas,
comme il le dit musicalement, « dix ou
douze *balles* à la clef. »

QUILLEMBOUL (Zélica - Jeannette - Féli-
cienne). — Haute et massive Auvergnate
dont les poignets sont de véritables mas-
sues, et qui *tombe* impitoyablement les
personnes qui ne lui conviennent pas.
Quand elle a bien houspillé ses locataires;
elle se décide parfois à rosser son propriétaire, — histoire d'entretenir la vi-
gueur de son biceps.

RATEMBOUL (Asdrubal - Joséphin). —

Voici le relevé curieux de' ses états de service :

1802. — Naissance.

1809. — Fait l'admiration de tous ses camarades à *la mutuelle*, par l'obstination, mêlée de profondeur, avec laquelle il se met les doigts dans le nez.

1823. — Premières lueurs de vocation. Il imite le Corrége, et après avoir bu, dit à son concierge de père : *Anch'io son portier!...*

1839. — Est expulsé de trois maisons consécutives, pour *boisson*.

1844. — Boit toujours, et cumule la manicle avec le cordon.

1845. — Ne cesse pas de boire, et perce les bottes de ses locataires, le cœur de son propriétaire, ainsi que dans la haute société... des hommes de cuir.

1855. — Boit de plus en plus, et médite un Mémoire à l'adresse de l'Académie des sciences morales et politiques, pour demander l'*extinction du locatairisme*.

1859. — Ne quitte plus la bouteille.

SOURDOPOT (Augusta-Constantine-Por-phyrogénète Foidecane, femme). — Sour-dopot est tailleur et sa femme ravaudeuse; ils passent leurs journées à *débiner* les locataires, et à manger ensemble d'hor-ribles *frigousses* qui saisissent l'odorat, quand on entr'ouvre le carreau de leur loge.

TAITONBEC (Ajax-Sophronyme). — An-cien employé aux *succès* du *Petit-Laz*. — A gardé de cette profession une franchise d'allures et une paire de poignets qui le rendent excessivement redoutable.

UDOLPHE (Jean-Baptiste-Alexandre). — Réfugié brésilien, né en Pologne de pa-rents lombards, et qui, depuis sa nais-sance, n'a jamais quitté Paris. — Fait les appartements, les commissions, et « sa poire » avec les locataires. — Horrible-ment sensible à une pièce de dix sous.

BUFFON DES FAMILLES

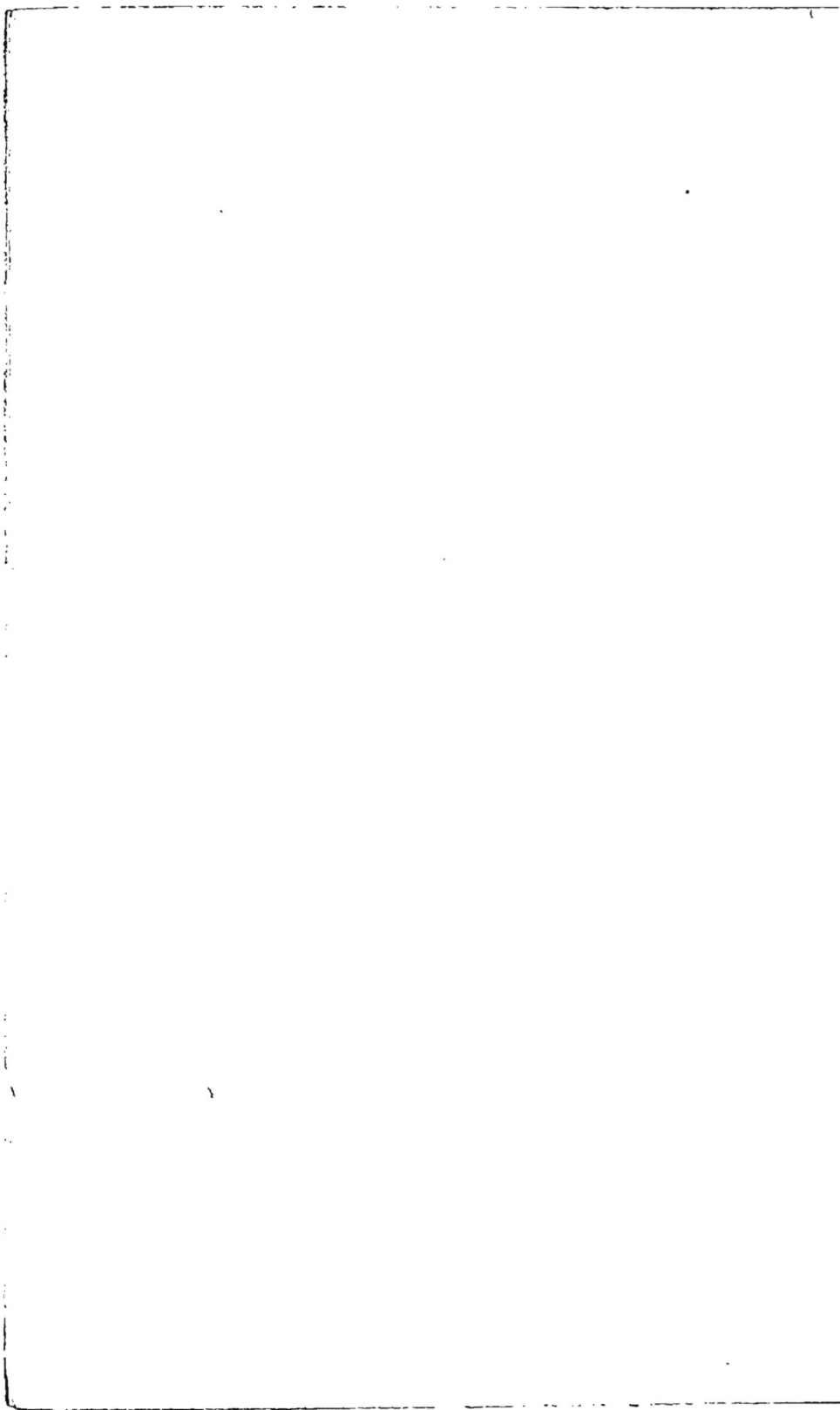

NATURALISTE PARISIEN

BUFFON DES FAMILLES

I

La science a marché, fortement marché. depuis le père Buffon, et aujourd'hui l'humanité fait des pas de géant.

Témoin celui du boulevard du Temple, quand il enjambe les tables de son café, pour inviter le public à « renouveler la consommation. »

A l'heure qu'il est, le plus mince bachelier ès bocal, attaché à à l'administration du Muséum, en sait plus long sur les trois règnes (de la nature) que l'académicien blasonné qui a photographié dans ses ouvrages, édités par Furne, les éléphants et les lions du dix-huitième siècle; des éléphants en culotte courte, et des lions en perruques à frimas.

Autres temps, autres bêtes.

Il y avait donc urgence de rectifier les idées arriérées de quelques prud'hommes, au sujet de la grande ménagerie sociale, dont ils font eux-mêmes le plus bel ornement, en leur servant un Buffon sans fumée, sans taches et sans vernis, un Buffon bien propre et bien nettoyé, comme les Rubens de la galerie du Louvre.

C'est la fraternelle pensée qui nous a inspiré ce travail, d'ailleurs ingrat comme un violon, ou comme un ami à qui on vient de prêter cent sous.

II

Le père Buffon commence par le règne animal; commençons comme lui.

Ce règne comprend deux grandes divisions, deux entrées principales, dont l'une à 2 francs et l'autre à 50 centimes, absolument comme les premières et les troisièmes au Cirque Napoléon.

Les places à 2 francs s'appellent *les ver-tébrés*, traduction libre : « Ceux qui n'ont pas d'*os*, » comme disent si gentiment ces messieurs de la Bourse.

Les places à 50 centimes sont le partage des *invertébrés*, une multitude bonasse, qui a très-peu de cerveau, presque pas de cartilages... et encore moins d'esprit, exemple : Les admirateurs de certains feuilletons, les maris des filles de plâtre, etc.

Les places réservées aux vertébrés dans le théâtre du monde ont été réparties ainsi qu'il suit par le placeur éternel :

Mammifères. — Stalles de pourtour, avant-scènes et balcon.

Oiseaux. — Stalles d'orchestre et paradis.

Poissons. — Grandes et petites baignoires.

Reptiles. — Parterre et couloirs.

Occupons-nous d'abord des mammifères.

III

Mammifère, que veut dire ce mot?

A semblable question la réponse est facile, l'Académie s'accordant généralement à croire que « mammifère » est un composé de deux mots latins, dont l'assemblage signifie « animal qui porte. » — Cherchez le reste dans le dictionnaire de Noël.

Quant à ceux qui n'auraient ni le temps ni la volonté de faire cette recherche, ils devront se contenter de l'exemple suivant, que nous leur proposons, pour suppléer à toute définition. Cet exemple est tiré d'une lettre adressée par le directeur de l'une de nos scènes de genre à une artiste très-maigre qui sollicitait de l'emploi.

« Mademoiselle,

« Vous me dites que vous désirez débuter dans le vaudeville en un acte : *l'Enfant au biberon*, par le rôle de la nourrice.

« J'ai le regret d'être obligé de vous apprendre qu'il ne m'est pas possible de vous confier ce rôle, l'auteur ne vous trouvant pas assez mammifère.

« Agréez, etc.　　« X..., *directeur.* »

IV

La famille des bimanes, la première que nous coudoyons dans la réunion des mammifères, contient à la fois l'homme et le jocko; celui-ci est la règle, et l'autre l'exception; car, à tout prendre, il y a infiniment plus de jockos que d'hommes véritables, soit dit sans offenser le nez d'Hyacinthe. L'idéal du jocko, c'est l'aztec, et l'idéal de l'aztec, c'est le gandin, un petit être insupportable qui porte une raie derrière la tête, le tout coiffé d'un chapeau dont la forme rappelle certain vase que la pudeur de ma table de nuit m'empêche de nommer.

L'homme véritable, l'homme type est très-rare, excessivement rare; Diogène a passé toute sa vie à le chercher, le bougeoir à la main, et l'exemple de ce cynique trouve de nos jours beaucoup d'imitateurs, beaucoup trop même, au dire des sergents de ville chargés de la police du boulevard de Gand. Voyez plutôt ces cri-

8.

nolines étalées sur toute la longueur des chaises entre minuit et une heure du matin, aux dernières lueurs de Tortoni et du café Riche. Quel est leur but, leur idée fixe, à ces continuatrices de Diogène? Elles font comme lui, « elles cherchent un homme. »

V

La série des quadrumanes, ainsi nommée parce que chacun des animaux qui la composent est propriétaire de quatre mains, dont deux pieds, ne renferme qu'une famille, une seule :

LE SINGE.

L'ouvrier appelle ainsi l'homme qui lui donne un livret, de l'ouvrage, et quelquefois le regret d'être entré dans son atelier.

« Un Singe est un patron donné par la nature. »

a dit M. Crébillon dans sa belle tragédie

de *Thémistocle*. Généralement, le singe n'est beau qu'une fois par semaine, le samedi, jour de paye, — « spécialement consacré à sainte Touche, » — comme disent les loustics de l'établi. Pour quelques singes, heureusement peu nombreux, cette paye se résume parfois en sévères remontrances adressées aux flâneurs de l'atelier. De là l'expression : payer en monnaie de singe.

A en croire certains naturalistes, le singe ne rappelle aucunement, comme perfection physique, le type si connu de l'Apollon Grassot, que plusieurs crurent à tort être le même que l'Apollon du Belvédère; mais il compense largement cette absence de beauté extérieure par une surabondance de malice et de verve railleuse; il est spirituel comme une pointe de champagne, ou comme un célibataire qui veut attendrir son tailleur.

Les principales variétés du singe sont : le chimpanzé, ou plutôt le *chien-pansé*, comme l'appellent plus communément les personnes qui se piquent de beau langage;

le sapajou, — et l'orang, qu'il ne faut pas confondre avec l'Oran qui est en Algérie, ni surtout avec Laurent de l'Ambigu, — ou de Médicis.

VI

Jetons un regard sur l'amphithéâtre des carnassiers, il en vaut la peine. Nous y trouvons d'abord

L'OURS.

Un animal dramatique, qui a le privilége d'exciter les sifflets et les aboiements dès qu'on l'exhibe aux feux de la rampe.

De sa nature, l'ours est essentiellement nomade. On en a vu qui, après avoir voltigé de Français en Vaudeville, de Palais-Royal en Variétés, et de *Fol.-Dram.* en *Délass.*, allaient enfin se faire démuseler à la salle Beaumarchais, le premier théâtre de Paris, — en sortant de la rue du Pas-de-la-Mule.

Les ours se divisent en *bien* ou *mal* té-

chés. Ceux qui sortent de la ménagerie de M. Scribe sont des ours bien léchés. Ils font toutes sortes de tours avec d'énormes paquets de ficelles, et fredonnent d'assez jolis couplets ; de plus, ils sentent la pommade, la savonnette aux fines herbes, et l'eau de Cologne. Ces ours-là sont la crème des ours.

Règle générale : Quand vous avez eu l'imprudence de lâcher un ours quelque part, et qu'il est en cours de représentations, la plus mauvaise farce que vous puissiez faire à un ami, c'est de lui donner un billet de spectacle, pour « l'envoyer à l'ours, » suivant une expression gredine, mais consacrée.

VII

Considérons, à présent,

LE CHIEN.

un quadrupède que l'homme récompense de sa fidélité, — en lui faisant des niches.

Paris renferme un grand nombre de

chiens... de chiens couchants, surtout. On y rencontre aussi beaucoup de braques, pas mal de roquets, et une immense quantité de boule-dogues, principalement dans la section des créanciers. Quant au caniche, c'est un type qui surabonde dans le quartier des *gandines* du 21e arrondissement (ancien 13e). Ceci vous explique pourquoi vous entendez si souvent aux Concerts de Paris, ou aux avant-scènes des Folies-Nouvelles, retentir ces locutions familières : « Mon petit chien, » — « Mon bon chien, » — petits noms d'amitié qui prouvent jusqu'à quel point ces dames affectionnent la race canine.

A propos de chien, deux lignes d'anecdote. Il y a quelques jours, Saint-Ernest proposait à son directeur d'engager Paulin Ménier pour une création nouvelle.

— Et à quel propos cet engagement? demanda M. B...

— Comment, à quel propos? Mais ne savez-vous pas que Ménier est un artiste hors ligne, un comédien qui brûle du feu sacré, un acteur qui a le chien?

— Ah! il a le chien! Eh bien, c'est justement pour cela que je ne l'engagerai
pas, répliqua le spirituel impresario; je
vous l'ai déjà dit, je ne veux pas de chien
sur mon théâtre.

VIII

Il est temps d'examiner

LE LOUP,

Délicieux animal à museau noir et à
barbe de dentelle, qui cherche sa proie
aux bals de l'Opéra, et fait tout ce qu'il
peut pour ne pas rentrer chez lui sans souper. Il se nourrit d'oranges à 1 fr. 50 c.,
de verres de punch à 3 fr., de bâtons de
sucre de pomme à un louis, et de mayon-
naises de homard issues de la Maison-Do-
rée, ou des cabinets particuliers du café
Anglais. Quant aux vins, il les adore tous,
sans distinction de crus : en sortant du bal
et quand il est en moiteur, il préfère le
moët; le gravé le rend gai, le nuits lui
nuit très-rarement, et il n'est jamais in-

constant au constance. Malheur, trois fois malheur ! au pigeonneau que sa mauvaise étoile conduit sur la route de ce famélique animal ; il est dévoré jusqu'à la dernière plume.

Depuis quelques mois, le loup, comme une fine mouche qu'il est, a mis à la mode un nouveau costume, bien fait, sans doute, pour rassurer ses victimes sur la pureté de sa vie, aussi bien que sur celle de ses intentions ; il se travestit maintenant en bébé, et au bout d'une robe flottante, surmontée d'une bavette, il étale devant les regards émus du pékin deux jambes mignonnes et faites au tour, deux jambes de perdition, qui poussent le malheureux à la dépense, sauf à lui occasionner ensuite bon nombre de hurlements, lorsque viendra le moment fatal de l'addition. Ainsi se trouve vérifié le proverbe : « Il faut savoir hurler avec les loups. »

Le moment critique pour le loup, c'est celui du *déballage ;* à cet instant suprême, on a vu des pékins quitter la table, et s'enfuir à toutes bottes, en disant qu'ils n'avaient plus faim ; on en a ouï d'autres qui s'écriaient : « Enfer et damnation, je suis volé ; j'avais cru faire une duchesse, et c'était... ma portière ! »

IX

Permettez-nous maintenant de vous présenter

LE LOUP-CERVIER,

Un individu très-connu, et qui a beaucoup de crédit sur la place... de la Bourse, ainsi qu'aux alentours de cette corbeille, où les fleurs sont si avantageusement remplacées par des têtes d'agents de change. Il porte habituellement des besicles d'or, un crâne beurre frais, des favoris poivre et sel, une pointe de ventre et des boutons de manchettes. Son langage est aussi fantastique que sa personne, et les mots de « terme, » de « comptant, » de « liquidation » et de « fin courant » forment le fond de son invariable dialogue. Quant à sa correspondance, voici deux extraits qui

9

pourront donner une idée de ce qu'il écrit, quand il écrit :

« Paris, le...

« Mon cher baron,

« Notre petit compte de reports se solde par 1 135 675 fr. 43 c. à mon profit; envoyez-moi dans les vingt-quatre heures cette faible somme, ou je vous exécute comme une punaise.

« Tout à vous,

« ZOROBABEL. »

—

« Paris, le...

« Madame la comtesse,

« Vous me réclamez 156 115 fr. 20 c. pour prétendues dettes de jeu et opérations de Bourse; à cela, je n'ai qu'une chose à répondre : Je-ne-vous-con-nais pas... je ne connais que l'article du Code Napoléon qui refuse à n'importe qui n'importe quelle action pour dettes de jeu ou de pari.

« On se sent bien fort, madame la comtesse, quand on a sa conscience pour soi; ma conscience, à moi, c'est l'article....

« Agréez, etc.

« ZOROBABEL. »

X

Le moment est venu de consacrer quelques lignes à

L'HYÈNE.

Ce carnassier est la bête noire des débiteurs assez malheureux pour tomber dans ses griffes. L'une de ces griffes se nomme : « Protêt, » et l'autre : « Contrainte par corps. » Quant aux crocs meurtriers qui forment la denture de l'animal, ils sont au nombre de quatre : 1° la lettre de change; 2° le renouvellement; 3° le commandement, et 4° la saisie-exécution.

L'hyène est très-abondante à Paris; au dire de Ravel, ce qu'il y a de plus difficile pour un Parisien, c'est de vivre sans hyène et sans crainte.

XI

Nous ne jetterons, s'il vous plaît, qu'un coup d'œil sévère sur

LE RENARD,

Un quadrupède si malpropre, qu'il fait lever le cœur aux personnes le moins délicates. Il vaut mieux, ce nous semble, étudier

LE LION.

Ce roi des espèces animales devient de plus en plus rare, et sa raréfaction est attribuée, selon les uns, à la carabine Devisme de Jules Gérard, et, selon les autres, au prix élevé où se maintiennent le beurre, les charades du vers, et les appartements. Toujours est-il que nos lions actuels ne sont plus que des fantômes de lions, des lions pour rire, de vieux lions, des lions sans dents, sans cheveux, sans argent, et sans mollets.

Ce sont eux que vous apercevez parfois aux steeple-chases de la Marche ou à l'hippodrome de Longchamp, couvrant de voiles verts leurs figures fanées, et arborant au sommet de leurs chapeaux de larges ovales de carton numérotés, qui leur donnent l'air de conscrits revenant du tirage. Leurs ancêtres étaient polis, spirituels et musqués; leur musc, à eux, c'est le parfum du cigare et de l'écurie ; leur esprit, c'est l'argot des coulisses ; leur politesse, c'est le laisser-aller qu'ils contractent dans la fréquentation des dames de lansquenet; il y a progrès, grandissime progrès, comme vous voyez.

XII

En thèse générale, le lion n'est lion qu'à la condition d'être ruiné. Toutefois, quand il lui tombe du ciel un héritage, sous la forme d'un oncle décédé *ab intestat*, il se hâte de fricasser l'hoirie et de croquer cette fricassée, en compagnie de quelque dona Sol de sa connaissance, à qui il abandonne noblement le gratin restant au fond de la casserole. Mais aussi, qu'il est bien récompensé de ce magnifique procédé ! tout en achevant de le ruiner, sa dona Sol — au gratin — lui crie à tue-tête :

« Vous êtes mon lion superbe et généreux ! »

Ce qui est toujours flatteur pour un gentilhomme. Puis, quand le gentilhomme n'a plus le sou, elle prie carrément son domestique de le mettre à la porte.

XIII

La chair du lion est très-estimée, surtout en charcuterie. Les anciens abonnés du journal *le Gourmet*, c'est-à-dire tous ceux qui aiment les assiéttes et les voluptés assorties, en savent quelque chose. Ces Sardanapales de l'estomac déjeunent, dit-on, comme de petits roitelets avec dix centimes de saucisson de *lion*.

XIV

Après le lion, se place tout naturellement

LE TIGRE.

Les voyageurs affirment que cet animal est très-féroce dans les forêts du Bengale; ce qu'il y a de sûr, c'est qu'il s'apprivoise très-facilement en Europe, à raison de 25 fr. par mois, nourriture, logement, blanchissage et pourboire non compris.

C'est un animal domestique, — dans toute l'acception du mot.

Son costume se compose habituellement d'un habit de livrée, d'un chapeau à cocarde et de bottes à revers. Son métier, à la fois très-honorable et très-fatigant, consiste à dormir les trois quarts de la journée dans une antichambre, à boire le vin des maîtres, à lutiner les cuisinières, à débiner ses bourgeois devant leurs créanciers et à rester bien tranquillement assis etles bras croisés, sur le devant du tilbury, tandis que « monsieur » s'éreinte à tenir le fouet et les guides. Vous voyez qu'une telle existence tient fort peu, fort peu, de la sinécure.

Quand le tigre devient vieux, son bourgeois le supprime, — pour cause d'embellissement. Mais le supprimé se console ; il a placé un fort magot à la caisse d'épargne, et il se retire aux Batignolles ou aux Petits-Ménages, avec sa tigresse, — et tous deux ils deviennent bourgeois à leur tour.

Agrès la mort du tigre, ses concitoyens lui rendent les plus grands honneurs, sa peau sert à faire des descentes de lit ou des dessus de casque pour la garde municipale.

XV

Il nous reste un carnivore à étudier ; ce carnivore, c'est

LA PANTHÈRE.

Maris volages, et trop souvent volés, galantins du 21e arrondissement, coureurs

de guilledou et de pretantaine, méfiez-
vous de cette bête-là ; elle ne vous laissera
pas en repos qu'elle n'ait trouvé, suivant
son énergique expression, « la pie au
nid. »

Vous avez beau lui jurer, sur la tête des
enfants que vous n'avez pas, que vous êtes
plus fidèle à la foi conjugale que défunt
Philémon à feu Baucis ; en vain vous pro-
testez de votre innocence, et vous vous
évertuez à faire le caniche, elle ne vous
croit pas, elle ne croit que ses yeux, et
ses yeux sont toujours aux aguets, pour
vous pincer en contravention à l'art. 339
du Code pénal. Elle décachète vos lettres,
visite vos poches, interroge votre dépense,
et discute l'emploi de votre temps ; ce
n'est pas une femme que vous avez
épousée, c'est un alguazil.

Vous sortez pour un rendez-vous d'actionnaires : « Connu, dit-elle, c'est l'affaire Chaumontel ! » — Vous revenez
de chez le coiffeur, la chevelure baignée
de philocome : « Tu sens trop bon, s'é-
crie la mégère ; il y a de la lorette là-

dessous ! » — Enfin, vous clignez de l'œil,
en regardant une femme au spectacle :
« Ah ! exclame-t-elle encore, la voilà
donc, cette Léda qui trouble mon ménage ;
j'ai bien vu que tu lui avais fait signe ! »

Après quelques mois d'une existence
aussi chatoyante, la patience vous échappe
et vous demandez judiciairement votre
séparation ; soit fait selon votre désir !...
L'avocat et l'avoué de la panthère vous
traînent publiquement dans la boue, sous
prétexte que la défense doit être libre ; le
jugement vous déclare un monsieur très-
immoral, et vous êtes condamné à payer
à votre Ariane une pension qui excède
deux fois votre revenu...

Tu l'as voulu, Georges Dandin !

XVI

Mais, me direz-vous, quand on est en
puissance de panthère, il n'y a donc pas
le plus petit remède, pas le moindre coer-
citif pour amender la situation ?

Si fait, il y en a un, — un seul, — énergique, mais salutaire, cassant quelquefois, mais infaillible toujours; ce remède, c'est le soutien des vieillards, c'est l'appui des gardes du commerce, c'est le grand conciliateur des époux, — demandez plutôt à Sganarelle et à Martine!

C'est... c'est le bâton!

XVII

Terminons cette série carnassière par quelques observations sur

LE CHAT,

Un animal dont la vie publique et privée a servi jusqu'à présent de texte à d'énormes contes de bonne femme, et à de réjouissants pataquès; on dirait vraiment que la rédaction du *Prud'homme* a passé par là. — Relevons les deux principaux d'entre ces préjugés.

1° On croit généralement que le chat croque les rats, et c'est tout le contraire, ce sont les rats—de l'Opéra—qui croquent ceux qu'ils appellent : « mon petit chat, » après avoir extrait, du coffre-fort de ces animaux débonnaires, des cachemires, des bracelets, des quittances de loyer, jusqu'à du quatre et demi et de l'emprunt... Jusqu'où ne peut aller, grands dieux, la voracité du rat!...

2° On prétend aussi que les chats voient clair la nuit; autre canard; s'il en était ainsi, si les yeux du chat pouvaient lui servir de becs de gaz, comment ne verrait-il pas M. Arthur, M. Bébé, ou tout autre garçon coiffeur aimé pour lui-même, s'introduire, après minuit, dans le boudoir de la Marguerite Gauthier, qu'il paye si cher, lui chat assez bonasse, assez truffé d'illusions, pour croire que, malgré ses cinquante ans, sa fourrure chinchilla et sa ceinture élastique, il est le seul qui ait des droits superbes?

Demandez à tous ceux qui ont l'expérience du cœur, et des biches du café Mazarin; ils vous répondront que le chat payant, que le chat véritable, le chat auquel on passe la patte sur le dos aux approches du terme, et auquel ce passage

arrache quelques rons-rons de bonheur,
ils vous répondront, dis-je, que ce chat
est aveugle comme une clarinette, et cela
la nuit comme le jour.

XVIII

Conclusion. Quand une femme vous dit :
« Mon minet, » ou « mon chat, » c'est
absolument comme si elle vous appelait
vieux fossile, ou vieux serin.

Ou même tous les deux. — Choisissez.

XIX

Nous voici arrivés près de l'enclos où
paissent, où broutent, où ruminent

LES RUMINANTS,

ainsi nommés, parce que chez eux, la di-
gestion est une opération qui mérite beaucoup, — mais là beaucoup de réflexion.
Pensez que ces gaillards-là ont quatre es-
tomacs à remplir, au lieu d'un ; et demandez un peu à M. Pellagot, le proprié-

taire du *Diner de Paris*, — 4 fr. 50 c.
par tête, — s'il serait flatté d'avoir tous
les jours une demi-douzaine de ruminants
à sa table. Après avoir dévoré le menu,
ils seraient capables d'engloutir le garçon,
d'avaler la dame de comptoir, et de croquer l'ardoise du passage Jouffroy, —
toujours à raison de 4 fr. 50 c. par tête.

Le premier, le plus majestueux de tous,
c'est, sans contredit,

L'ÉLÉPHANT.

Le nom de cet animal sert à désigner
dans le monde les personnes solides, bien
assises, et qui « ont de ça, » suivant l'expression du professeur Hyacinthe.

— Madame votre épouse doit bien souf·
frir de la chaleur? demandez-vous avec
intérêt à un mari, qui depuis quelque vingt
ans a complétement perdu le sens de la
lune de miel.

— Parbleu! si elle en souffre! un éléphant comme ça! vous répond cet homme
désabusé.

L'éléphant est l'ami de l'homme ; il a cela de commun avec le lézard. Tous les mortels qui lui ressemblent, — par la trompe, bien entendu, — sont particulièrement ses favoris. Toutes les fois que le nez d'Hyacinthe passe à travers le Jardin des Plantes, l'éléphant hennit de joie et fait les yeux blancs à la vue de ce tubercule.

Quelques mauvais plaisants ont prétendu qu'il le prenait pour un bifteck ; mais c'est là une version qui ne mérite pas l'examen des hommes sérieux.

XX

Passons aux quadrupèdes utiles. Je vous présente

LE BOEUF,

autrement dit, la providence des mauvaises affaires, la bête complaisante qui porte tous les tracas, toutes les déceptions, tous les déficits ; un véritable type d'actionnaire. Ses variétés sont excessivement nombreuses et témoignent du soin avec lequel les Parisiens se livrent à son exploitation : bœuf aux tomates, — bœuf aux carottes, — bœuf aux cornichons, — — bœuf piqué, — bœuf revenu dans le beurre... du dividende, — bœuf lardé, — bœuf muselé, — bœuf aux petits oignons, — et bœuf aux pommes, — les deux meilleures espèces de bœuf.

Un tic tout à fait spécial au bœuf, c'est que lorsqu'on lui demande un appel de fonds à l'assemblée générale, il commence par beugler, et finit toujours par « passer à la caisse. »

Donnons un pleur au bœuf, il périt généralement à l'abattoir, prix d'entrée : 0 fr., place de la Bourse (en dedans de feu les tourniquets).

XXI

Nous ne nous étendrons que peu, que fort peu, sur

LE VEAU.

Franchement, cet animal nous répugne.

Peut-être parce qu'il a trop pullulé chez nous, et qu'aujourd'hui, selon quelques moralistes, les endroits publics de Paris, concerts, bals, petits théâtres, ne sont à vrai dire que des marchés aux veaux.

Nous ne sommes pas plus féroce, à cet égard, que Parent-Duchâtelet ou tout autre réformateur, et nous dirons seulement que nous ne comprenons le veau qu'hors barrière; ou à Poissy, par exemple, — ou près des bassins fleuris qu'arrose La Villette.

XXII

Nous continuons notre steeple-chase par :

LE MOUTON,

dont l'espèce la plus répandue à Paris est celle qu'on désigne habituellement sous le nom de « mouton de Panurge, » sans doute à cause de l'éleveur qui l'a mise à la mode, et dont le grand naturaliste, maître Alcofribas Nasier, parle avec tant d'éloges dans sa biographie de Pantagruel.

Il est certain que le mouton de Panurge n'est pas un mouton comme les autres, et qu'il faut compter, — fortement compter avec lui, puisqu'il représente souvent, dans son opaque toison, l'opinion publique, cette déesse inconstante et moutonnière.

Ce brave mouton est le symbole vivant de la crédulité, de la badauderie et du prudhomisme, poussés jusqu'à leurs conséquences les plus extrêmes.

S'il croit médiocrement en Dieu, comme un voltairien qu'il est, en revanche il croit beaucoup au *Siècle*, à la modestie de Dumas père, au désintéressement des hommes de Bourse, à la confraternité des hommes de lettres et au prochain tirage de n'importe quelle loterie philanthropique et humanitaire. Une foi athlétique, comme vous voyez.

C'est lui qui souscrit pour la première action du *chemin de fer de Paris à la place Maubert*, ou de *la Compagnie gé-*

nérale des Petites Brouettes ; c'est encore lui qui s'écrie dans tel ou tel café du boulevard : « Après vous, le feuilleton Biéville, s'il vous plaît, monsieur! » C'est lui qui fait, a fait ou fera le succès du punch-Grassot, du vermout-Lassagne, du bitter-Gil-Perez, des pièces à vaisseaux de M. Marc-Fournier, et des pièces à mât de cocagne de M. Chilly.

Il en ferait bien d'autres et de pires encore... si on le laissait faire !

XXIII

Où cet animal est beau, idéalement beau, c'est dans les réunions d'actionnaires. Il faut l'entendre, alors, voter, comme un seul mouton, la réélection à perpétuité des « honorables membres du conseil » (20 000 fr. d'appointements par tête), et étouffer dans les murmures d'une sainte indignation la voix de quelques interrupteurs qui ont le front de demander des explications sur le rapport.

Bête précieuse, trois fois précieuse aux

Mercadets, véritable agneau pascal, s'offrant lui-même en holocauste pour le maintien quand même du gogotisme, mouton expiatoire, dont le nom, l'appui et les bravos sont acquis d'avance, et servent de chevaliers du lustre à tous les *fours*.

XXIV

Un profond philosophe, Talleyrand, disait quelquefois :

« Le mouton de Panurge est la pierre de touche du succès; si le mouton n'existait pas, il faudrait l'inventer. »

XXV

Puisque nous sommes en train d'étudier les ruminants, la délicatesse ne nous permet pas de passer sous silence

LE CHEVAL,

une bête remarquable, sous tous les rapports, et dont le caractère, empreint d'une cordiale franchise, a donné lieu à cette locution pitoresque : «Quel cheval ! »

Au point de vue physique, le cheval est certainement l'un des plus beaux ouvrages de la création : œil plein d'expression, tête intelligente, robe soyeuse, bouche admirablement meublée, il réunit tous les avantages extérieurs qui peuvent charmer la vue. Les Anglais, ce peuple si connaisseur en matière de beauté esthétique, raffolent du cheval, et ils ont raison; aussi le compliment le plus gracieux, l'éloge le plus flatteur que vous puissiez adresser à une vieille Anglaise, justement fière de son type britannique, est celui-ci : « Ah ! milady, vous avez vraiment une tête de cheval ! »

XXVI

On a calomnié, beaucoup trop calomnié, suivant nous,

L'ANE,

un être inoffensif et utile par excellence; aussi ne perdrons-nous que fort peu de temps à réfuter toutes ces calomnies, qui tombent d'elles-mêmes.

Les ennemis de maître Aliboron, — et ils sont nombreux, — lui ont reproché successivement :

Ses oreilles,

Son entêtement,

Ses coups de pied,

Et, enfin, son ignorance crasse.

Autant de griefs qui attestent la profonde injustice du vulgaire. Pour ne nous attacher qu'au dernier de ces chefs d'accusation, n'est-il pas évident, évidentissime, que nous ne pouvons reprocher à l'âne sa prétendue ignorance, lorsque nous voyons tous les jours dans les société académiques, dans les grands journaux, dans les expositions artistiques et dans les solennités musicales, se produire des œuvres nouvelles, qui, toutes ou presque toutes, sont signées par des ânes savants ?

Ergo, comme dirait M. de La Palisse, si l'âne est savant, c'est donc qu'il n'est pas ignorant!!! — *Quod erat demonstrandum.*

XXVII

Après les deux derniers individus que nous venons de citer, se place naturellement

LE MULET,

que certaines mauvaises langues affirment être le fruit intéressant des escapades anacréontiques de l'âne et de la trop volage compagne du cheval.

Un âne séducteur! un âne en bonne fortune! qui le croirait! qui l'eût cru! Le fait existe pourtant, et peut, jusqu'à un certain point, nous prouver combien Shakspeare, — le grand Shakspeare, — avait raison de s'élever, dans *Othello*, contre la fragilité du beau sexe, puisqu'il suffit d'un âne, — quelque âne qu'il soit d'ailleurs, — pour troubler le paisible ménage d'un cheval. A quoi tiennent les destinées des familles, ô mon Dieu!

Pour en revenir au mulet, quelques

naturalistes, trompés sans doute par la consonnance des noms, ont confondu cet animal avec deux autres *mulets :* 1° celui qui doit le jour aux caprices réunis d'un serin et d'une chardonnerette ; 2° le sultan de Grenade, *Muley-*Hassan, à qui M. de Florian donne pour fille « l'incomparable Zuléma, » dans *Gonzalve de Cordoue.*

Nous sommes heureux de rectifier l'erreur des savants susdits. Il n'y a rien de commun, — rien absolument, — entre les mulets, les serines, les chardonnerettes, l'incomparable Zuléma, et M. de Florian.

XXVIII

Quelques lignes nous suffiront pour décrire

LE CERF,

Un ruminant qui se distingue, entre tous les autres, par l'étrangeté de sa coiffure. Disons, en passant, qu'on est d'accord aujourd'hui sur ce point que l'ornement frontal du cerf est pour lui une con-

séquence et comme un corollaire obligé
de l'état de mariage ; à peine l'infortuné
est-il entré dans le dernier quartier de la
lune de miel, que les fatales ramures com-
mencent à percer sous son épiderme et
deviennent visibles pour tout le monde,
excepté,—cela va sans dire,—pour l'individu qui en est décoré. Heureuse ignorance, cécité providentielle, que le cerf, à
de très-rares exceptions près, conserve
pendant tout le temps de son service sous
les drapeaux de l'hyménée, et qui consti-
tue véritablement une grâce d'état. Entre nous, la Providence devait bien un
aussi faible dédommagement aux cerfs,
ces innocentes victimes de la matrimonio-
manie, ces Sganarelles du règne animal

Chez quelques-uns de ces époux modè-
les, les privilégiés de l'espèce, le diadème
dont nous parlions tout à l'heure atteint
parfois des proportions telles, que chaque
passant est obligé de s'arrêter pour con-
templer leurs fronts, et sourit tout bas en
pensant aux nombreuses cascatelles dont
les épouses de ces illustres *boisiers* ont dû

asperger leur existence pour pouvoir les couronner d'une futaie aussi haut perchée.

— On appelle ces cerfs-là des *dix-cors*.

Un législateur qui aurait « de ça, » suivant la belle expression d'Aristote, ne manquerait certainement pas de créer, dans l'État pour lequel il légiférerait, une médaille d'honneur spéciale, affectée aux cerfs *dix-cors*, avec pension de retraite.

XXIX

Puisque la légende du cerf est épuisée, nous voilà forcés d'entamer celle de

XXX

LA BICHE;

Ce joli animal, aux grands yeux, à la taille mince, à la peau blanche, aux jambes grêles, habite les hauteurs du 21e arrondissement, où il fait le bonheur,—mais rarement la fortune, — des cochers de coupé, des coiffeurs de troisième ordre et

des crémeries. Son costume, de la plus
grande simplicité, se compose généralement d'un faux chignon, d'une plaque de
fard, d'un nuage de poudre de riz, d'une
carcasse de jupon en acier, d'un chapeau
à brides monstrueuses, de bottines à lacets rouges ou bleus, d'une robe quelconque, d'un mantelet n'importe comment et
d'une cigarette. La biche raffole des petits chiens, des parties de canot, des dol-
lars, de la galette du Gymnase, des mélo-
drames de l'*Ambig*, des quadrilles du
Casino, des conversations sentimentales,
et surtout des prunes à l'eau-de-vie. Mais
avant d'esquisser plus minutieusement
les habitudes et la manière d'être de la
biche, nous devons tout d'abord vous
présenter

XXXI

LE DAIM,

Car il est impossible de photographier
l'un sans daguerréotyper l'autre ; le daim
implique la biche, comme la biche est ex-

pliquée par le daim ; surtout n'essayez
pas de les désunir ; mieux vaudrait ôter
Isis à Osiris, Deucalion à Pyrrha, Eponine
à Sabinus. Ce sont les deux émanations
ridicules d'un même principe, les deux
anneaux d'une même chaîne — de galé-
riens ; car le plaisir, lui aussi, est quelquefois un bagne, qui a pour gardes-chiour-
mes les usuriers et les recors.

Au physique, le daim porte une raie
dans le dos, un carreau dans l'œil et du
papier Joseph dans sa poche ; son moral,
vu au microscope, offre l'aspect désolant
d'une belle intelligence « qui aurait une
araignée dans le plafond, » comme le dit
si bien Amyot, traduit par Plutarque. Sa
principale faiblesse consiste à *protéger* la
biche, et à répandre soir et matin, dans les
mains crochues de cette intéressante petite bestiole, les différentes pièces de monnaie qui composent son patrimoine. Quand
la dernière *bille* est extirpée, quand l'héritage est passé au bleu, la biche prévient
officieusement le daim « qu'elle part, ce
soir, pour un grand voyage. »

Et l'amant *rincé* s'en va résolûment sol-
liciter un emploi de chef de division — ou
de graisseur — dans un chemin de fer.

XXXII

Nous passons maintenant devant le
groupe des rongeurs, une famille d'animaux remarquables par leur voracité, non
moins que par leur petitesse, et parmi ces
lilliputiens voraces, nous distinguons d'a-
bord

LE RAT,

Un grignoteur infatigable, qui charme
les loisirs que lui font les coulisses de
l'Opéra, en donnant, du soir au matin, de
l'occupation à ses jolies petites mâchoires.
Le rat grignote tout, dévore tout, digère
tout, de la charcuterie et des soupers à la
Maison d'Or, des équipages à quatre che-
vaux et des ribambelles de pommes crues,
des fils de famille en état de minorité et
de la mélasse en cornets; des dentelles
d'Angleterre, des diamants, des gants de

Suède, de la galette du Gymnase, des bottines à lacets roses, des innocences imberbes et des roueries à cheveux blancs, des limonadiers enrichis et de grands financiers qui n'ont fait faillite qu'une fois; du champagne Clicquot, des gâteaux de Nanterre, du philocome à 1 fr. 50 c., des tranches d'ananas, des paquets de bougies, des petits peignes dorés, des cachets de bain et jusqu'à des garçons de caisse...

Il mange de tout, de tout, de tout !...

Au physique, ce mangeur incorrigible s'offre aux regards de l'observateur sous la forme d'une petite fille enjuponnée de blanc, emmaillottée de rose, et dont on distingue à peine le visage sous le nuage de poudre de riz qui le recouvre.

Comme mœurs, comme esprit, comme dialogue, le rat occupe dans l'ordre féminin à peu près la même place que le gamin de Paris dans l'ordre masculin. Partis tous deux du même point, c'est-à-dire d'une mansarde, ces deux petits êtres représentent une double face des mœurs plébéiennes, la vie au jour le jour, l'existence bohême menée sur les planches ou sur l'asphalte, et, en outre, l'esprit populaire, la raillerie faubourienne, — ce que l'on appelait autrefois « la blague, » et ce qu'on nomme aujourd'hui « la cascade. »

Tous deux, par exemple, n'arrivent pas au même résultat ; le gamin naît ouvrier et meurt ouvrier, à moins pourtant qu'il ne devienne pair d'Angleterre ou président d'un conseil d'administration quelconque ; mais la destinée du rat est bien différente. Après avoir *rincé* pas mal de prodigues, *lavé* deux ou trois millionnaires, et croqué un plus grand nombre de commerçants, le rat se retire du monde des rats, et passe dans celui des étoiles de seconde ou de troisième grandeur (foyer de la danse). Cette amélioration dans la position sociale du rat ne diminue pas pour cela ni sa faim dévorante, ni le jeu acharné de ses incisives ; bien au contraire, le petit drôle paraît n'avoir que beaucoup plus d'appétit au fur et à mesure que la direction lui paye un peu plus d'appointements

O vous! honnête bourgeois, qui, enfoncé dans la courbure d'une stalle, jetez, à travers votre lorgnette, un regard d'épicurien sur ces jolis et diaboliques mollets, Dieu vous garde des rats, mon brave homme! Le plus petit d'entre eux ne ferait qu'une bouchée de votre lourd coffre-fort. Songez-y!

XXXIII

Si le rat a bon estomac, il a aussi bon œil; mais, hélas! il n'en est pas de même de

LA TAUPE,

Une créature qui pousse la cécité complète, — ou même seulement la myopie, — jusqu'à l'obstination, et l'obstination jusqu'aux dernières limites du parti pris. Inutile d'ajouter que la taupe, quel que soit d'ailleurs son sexe, appartient inévitablement à la tribu si intéressante des gens mariés; aussi l'aveuglement dont ce singulier animal est affligé à son insu ne trouve-t-il que trop d'occasions pour se donner carrière pendant les différentes phases de la vie conjugale.

XXXIV

Il serait oiseux maintenant d'insister sur l'aveuglement de la taupe. Les deux exemples suivants suffiront pour achever de démontrer aux plus incrédules l'épaisseur de la taie qui voile les prunelles de ce malheureux animal :

«Paris, le....

« Mon chéri,

« Tu as été parfait hier soir, lors de ta fameuse présentation ; impossible d'avoir une meilleure tenue et plus d'aplomb ; aussi t'a-t-*il* trouvé fort bien et n'a-t-*il* pas cessé, après ton départ, de me faire ton éloge : «En vérité, ton cousin Jules est « un jeune homme charmant ; il faudra « souvent l'inviter à dîner chez nous, etc.» — Hein ! quel imbécile ! nous rirons bien de lui, demain matin, n'est-ce pas, quand la petite femme ira te voir à l'heure habituelle ?

« Deux gros baisers,

« ANNA. »

———

« Paris, le....

« Cher monsieur Théodore,

« Pourquoi donc ne venez vous plus nous voir ? Vous savez pourtant que j'ai beaucoup d'affection pour vous, et que je vous regarde comme un de nos meilleurs amis. Caroline, à qui je me plaignais hier encore de votre absence, s'accuse naïvement de votre disparition subite. La pauvre femme craint de vous avoir froissé par quelques mots un peu vifs, lors du dernier duo que vous avez chanté ensemble, et il paraît d'ailleurs que cette vivacité de paroles était quelque peu motivée par l'humeur morose dont vous étiez ce soir-là. Voyons, franchement, mon cher Théodore, y a-t-il dans tout cela de quoi fouetter un simple angora ? Revenez donc au plus tôt chez vos deux fidèles, qui vous aiment, vous désirent et vous attendent ; Caroline fera tuer le veau gras pour le retour de son cavalier prodigue, et on cuisinera à votre intention un de ces bons petits dîners fins dont je suis malheureusement sevré depuis votre départ.

«A demain donc, à cinq heures précises, nous comptons bien sur vous.

« BONACIEUX. »

XXXV

La plus proche voisine de la taupe, c'est

LA MARMOTTE,

Une pauvre petite bestiole, qui a le sommeil pour spécialité, et dont l'existence n'est qu'un long ronflement. C'est sans doute en pensant à la marmotte et à son somme trop prolongé que le grand

naturaliste Grassot s'écriait : « Quel bête
de somme ! » Et vous jugerez si Grassot
avait raison quand vous connaîtrez mieux
la marmotte et ses allures. Levé d'assez
bonne heure, cet animal fait, en bâil-
lant, ses ablutions matinales, et se dirige,
les yeux à demi fermés, vers le bureau
où il est employé, — je veux dire où il
dort, — depuis tantôt quinze ans. A peine
installé devant sa place, il examine pendant un moment le travail du jour' et
s'endort de fatigue. A onze heures : déj-
jeune et se rendort. A midi, un de ses col-
lègues lui propose une partie de bézigue ;
il se hâte de la perdre pour se rendormir.
A deux heures, ronde-major du chef ; dès
qu'il a le dos tourné, la marmotte se re-
tape de nouveau. A trois heures et demie,
un des bureaucrates remarque avec satisfaction que dans trente minutes il sera
rendu au grand air et à la liberté. La liberté ! à ce mot la marmotte entr'ouvre
les paupières, ôte son habit de travail et
brosse son pantalon, tout en sommeillant,
puis entend sonner quatre heures, sans

cesser de dormir, et retourne chez elle pour terminer plus à son aise la journée somnolente que l'*administrasse* lui paye à raison de 5 francs. — Comment la marmotte ne dormirait-elle pas à ce prix-là?

XXXVI

Nous voici arrivés aux amphibies, dont le personnage le plus considérable est assurément

LE PHOQUE,

Un individu qui, par l'importance de son ventre, de ses moustaches, des nageoires griffues qui lui servent de mains, par la douceur de son cuir, lequel rappelle assez bien le dos des livres reliés en chagrin, par son timbre harmonieux comme une contre-basse en goguette, enfin par sa conduite moitié chair et moitié poisson, fait les délices et l'ornement de l'océan parisien, où il surabonde depuis quelques années.

A fort peu d'exceptions près, les pho ·

6

ques appartiennent au monde de la finance;
c'est là qu'ils acquièrent ce magnifique
aplomb, cette triple chaîne d'or, ce vaste
gilet, cet abdomen monstrueux, ces ba-
gues à tous les doigts, enfin ces manières
courtoises et ce dialecte raffiné dont la
description exacte inspirera, nous l'espé-
rons, les Vadés de l'avenir. Généralement,
le phoque est marié, et presque toujours
à une jeune et jolie femme, tant il est vrai
que la nature prend soin de parfaitement
assortir les ménages ! Veuf ou célibataire,
le phoque a en ville ce qu'il appelle
« une faiblesse, » et de plus, il affirme que
cette « faiblesse » l'aime pour lui-même!!

Vous riez?... Eh ! mon Dieu, qu'a donc
de si risible la prétention du phoque?
Après tout, comme M. Joseph Prudhomme
me le disait encore hier, peut-on soutenir
maintenant qu'il y a quelque chose d'impossible en ce siècle de lumières, surtout
depuis la découverte de la vapeur et du
télégraphe électrique, *mocieu?* »

—Non, mon cher monsieur Prudhomme,
non, et vous avez mille fois raison; *ergo,*

si rien n'est impossible, il se peut fort bien que le phoque, lui aussi, finisse par trouver quelque part une flamme correspondant à sa flamme. Soyez donc aimé, phoque, soyez-le, vous le pouvez, vous le devez; votre embonpoint et votre portemonnaie vous le permettent.

XXXVII

Des amphibies nous passons tout naturellement aux cétacés, et parmi ceux-ci nous signalerons d'abord

LA BALEINE,

Assez connue d'ailleurs par la formidable provision de buscs, cerceaux et crinolines, dont elle se plaît à surcharger ses flancs déjà tuméfiés par la graisse. Où la coquetterie va-t-elle se nicher, bon Dieu? Chez les obèses!

Et quelle coquetterie, encore! celle des corsets, des cages, et des sous-ventrières!

XXXVIII

Quand on a parlé de la baleine, il faut, de toute nécessité, dire aussi quelques mots sur

LE CACHALOT,

Plus vulgairement et plus justement nommé *crache-à-l'eau* par quelques membres de l'Institut.

XXXIX

Nous voici parvenus à peu près aux deux tiers de notre promenade scientifique, et pour compléter l'étude tout à la fois intéressante et moralisante que nous avons commencée par les mammifères, il nous reste à tracer quelques lignes bien senties sur

Les oiseaux,

Les reptiles,

Les poissons,

LES INSECTES,

ET LES MOLLUSQUES.

Traçons-les donc, sans plus tarder, et disons tout de suite ce que c'est que

LE VAUTOUR.

Un assez vilain oiseau, qui se réjouit constamment de la hausse des loyers, et dont le bec répète à perpétuité ces quatre mots funèbres : *quittance,* — *commande-ment,* — *saisie-gagerie,* — *augmenta-tion.*

En dépit de son dialogue peu engageant, le vautour trouve pourtant çà et là bon nombre de serins qui le supplient de leur accorder un logement dans son aire, et qu'il plume ensuite, — comme les vau-tours savent plumer ; un nettoyage com-plet.

— Bernard, pourquoi le monsieur du second ne vous a-t-il pas encore payé son terme ?

— Il prie monsieur de vouloir bien attendre quelques jours...

6.

— Des bêtises! Allez dire vite à mon huissier de le *saler!...*

Et vous savez, lecteur, — il est impossible que vous ne sachiez pas — comment certains huissiers entendent cette salaison? Le condiment qu'ils fabriquent sous ce nom n'est autre chose qu'un mélange odieux, qu'un assaisonnement infernal; véritable cuisine du diable, dont le Seigneur veuille bien nous garder, vous et moi!

XL

Examinons maintenant un volatile dont l'espèce se multiplie en France dans une effrayante proportion; c'est

LA BUSE,

dont la façon d'être et les habitudes ont acquis d'ailleurs trop de notoriété pour qu'il soit nécessaire d'en faire une minutieuse description. Nommer la buse, cela équivaut à écrire sa biographie.

XLI

Sous beaucoup de rapports, entre autres, sous celui de l'esprit, il y a vraiment une assez remarquable analogie entre la buse, dont nous venons de parler, et

LA GRUE,

que nous allons décrire. Généralement peu remarquable par ses avantages exté-rieurs, et presque toujours laide plutôt que belle, la grue se garde bien de ra-cheter ses inconvénients physiques par de brillantes qualités morales. Elle est niaise, elle est sotte, elle est ennuyeuse, parfois même elle est méchante et vicieuse à l'ex-cès ; mais ce qui la caractérise par-dessus tout, c'est la ridicule opinion qu'elle a de son esprit et de sa beauté ; grâce d'état toute spéciale à la grue, heureux état mo-ral qui change l'existence de cet oiseau en une longue infatuation semée de mille et une grueries.

Règle générale : ne faites jamais, jamais, entendez-vous bien, la cour à aucune espèce de grue, pour le bon, — et même pour le mauvais motif.

XLII

Après

LE PÉLICAN,

ce modèle des pères de famille, et qui, comme vous savez, est toujours disposé à se retirer le bifteck de l'estomac pour nourrir ses enfants et descendants, nous rencontrons

LE COQ ET LA POULE,

c'est-à-dire le double type des époux bien assortis, l'idéal d'un bon ménage. A ces deux derniers mots, je vous vois sourire; vous pensez aux nombreuses fredaines, aux infidélités sans cesse renaissantes dont le coq,— ce qu'on appelle un véritable coq, un bon coq. — se plaît à agrémenter son existence conjugale.

Que voulez-vous? ce n'est pas la faute
du coq, c'est celle de son tempérament;
et d'ailleurs, quand un des deux conjoints
se permet de donner de pareils accrocs
dans le contrat, il va sans dire que c'est à
charge de revanche; pour infliger à son
époux une leçon qu'il mérite trop souvent,
ne suffit-il pas à la poule de lui rendre fève
pour pois, et de couver... un rendez-vous
prochain avec un autre coq, non marié,
celui-là?

XLIII

Bon nombre de physiologistes se sont
demandé souvent quelle différence il y
avait, moralement parlant, entre

L'OIE ET LE DINDON,

ces deux frères siamois de l'intelligence.

L'intervalle psychique qui les sépare
n'est pas incommensurable, sans doute;
mais enfin, il existe; de l'incapacité bonasse de l'oie à la suffisance idiote du
dindon, il y a la même distance que de la

sottise à l'ineptie ; le sot se croit spirituel,
nuance de vanité qui manque à l'inepte,
dont la candeur reste toujours inaltérable.
Aussi le sot, c'est-à-dire, le dindon, est-
il plus fort que l'inepte, que l'oie, et le
domine-t-il de toute la confiance, que lui,
dindon, possède en lui-même.

Conclusions : Soyez un dindon, si vous
ne pouvez être mieux ; mais, du moins, je
vous en supplie, ne soyez jamais une oie.

XLIV

Nous serons très-sobres de détails avec

LE CANARD,

un intrigant emplumé qui s'est faufilé
dans le monde du journalisme, et y vit
grassement aux dépens de ceux qui écou-
tent le récit des veaux tricéphales, et autres phénomènes variés, qu'il va pêcher
chaque jour, en nageant entre les deux
eaux de la correspondance belge et du
fait divers

TABLE

DES MATIÈRES CONTENUES DANS CE VOLUME

PREMIÈRE PARTIE : LES PIPELETS.

2ᵉ PARTIE : GUIDE-ANE DU NATURALISTE

FIN

Paris. — Typ. de Cosson et Comp., r. du F.-St-Ger., 43.

Le portier est le premier personnage de la maison.

(Pensées d'un Déballeur)

Paris. — Typ de Cosson et Comp., rue du Four-Saint-Germ., 43.

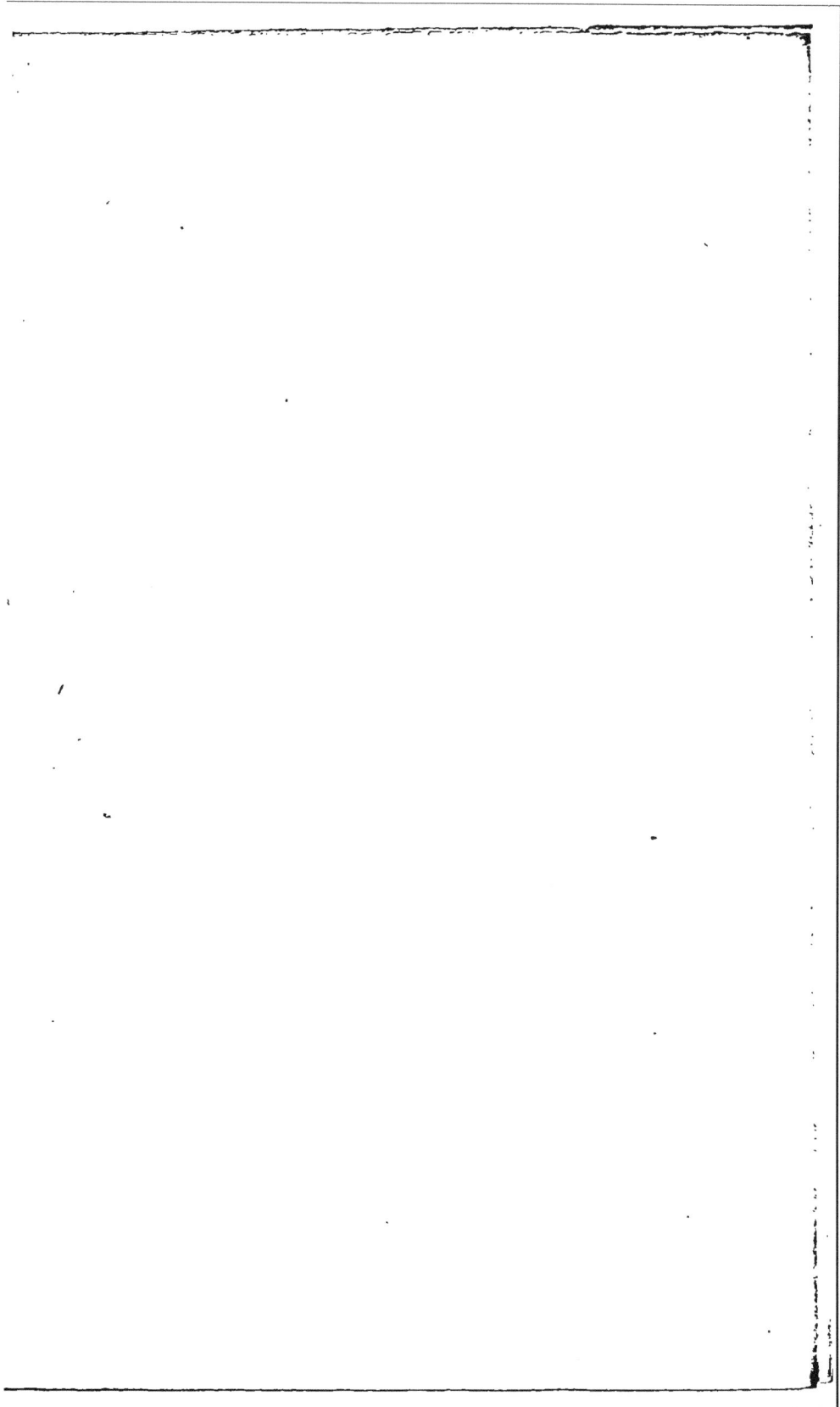

www.ingramcontent.com/pod-product-compliance
Lightning Source LLC
Chambersburg PA
CBHW071757090426
42737CB00012B/1857